# おしゃれ防災 アイデア帖

日々の暮らしに馴染み、
“もしも”の時は家族を守る70の備え

Misa

山と溪谷社

# はじめに

この本を手に取っていただき、ありがとうございます。
私は、小学生の息子２人と夫と４人で暮らしています。
**実は、「防災」「備え」という言葉がずっと苦手でした。**
めんどくさくて、どうしても楽しい気持ちにはなれなかったからです。
雑誌の中で特集があっても読み飛ばしていたような私ですが、
２０１８年の大阪府北部地震を機に防災に対する意識が変わりました。

当時、子どもはまだ６歳と４歳でした。
私の防災知識はゼロに近く、家には防災グッズがひとつもない状態。
こんな無防備な家で、幼い２人をどうやって守ったらいいのだと、
怖くて、とても情けない気持ちになりました。
**防災と暮らしをセットで考えるようになったのは、そんな苦い経験からです。**

もしもの時も、いつもに近い暮らしを続けるためには
どんな対策をしておけばいいのか知りたいと強く思いました。
自治体の防災冊子で自分なりに調べてみましたが
これだと思えるものにはなかなかたどり着けませんでした。

防災講座を探して参加しながら、少しずつ備えを考えるうちに
**だんだん「暮らしの数だけ備えがある」と思えてきたのです。**
もしもの時に、困りごとを少しでも減らすものや知識が防災なら、
それは人や暮らしのかたちによって変わってくるでしょう。
それなら、普段の暮らしをもとに考えていく方が
本当に必要なことが見つけやすいはずです。
そして、**日常に溶け込む防災であれば、自分にも続けられそうだと思いました。**

この本でご紹介するのは、
防災のプロではなく一人の母親であり整理収納アドバイザーである私が
**暮らしを楽しみながら、もしもの時の安心を備えるアイデアです。**
家族が好きな味の備蓄食材や、使いやすい収納、管理しやすい仕組み、
防災を無理なく続けるための、暮らしの工夫を紹介しています。
読んでくださった方にとって
自分の暮らしに寄り添う備えをはじめるきっかけになったり
「これならできそう！」と思っていただけると嬉しいです。

# 持たない暮らしから
# 備える暮らしへ

**わが家はずっと、ストックを持たない暮らしをしていました。**収納も多くないため、必要以上のものを持たず、すっきり暮らすことに心地よさを感じていたのです。トイレットペーパーもお水も、必要になった時に買いに行けばいいと思っていました。たとえ買い忘れても、コンビニへ行けば24時間いつでも購入することができますから。

ところが、災害が起こると状況は一変します。大阪府北部地震の日、すぐに水を買いに走りましたが、コンビニもスーパーも開いていないのです。店内には割れたものが散乱していて、商品を買わせてもらえません。やっと開いているお店を見つけても、お水やお茶の棚はすっからかん。私にとってはまさかの事態でした。災害後に必要なものはどれもすぐに売り切れて、しばらくの間、手に入りにくくなりました。新型コロナウイルスの感染が拡大しはじめた頃も、同じようにマスクや消毒液が入手困難になりましたよね。少し前まで簡単に買えたのに……。あの時買っておくべきだった！　と思っても、後悔先に立たずです。

**それ以来、わが家は備える暮らしに変えました。**必要に迫られて高値で買うのも、手に入らず不安になるのも避けたい私にとっては、備えておくことが結局一番お得な気がするのです。

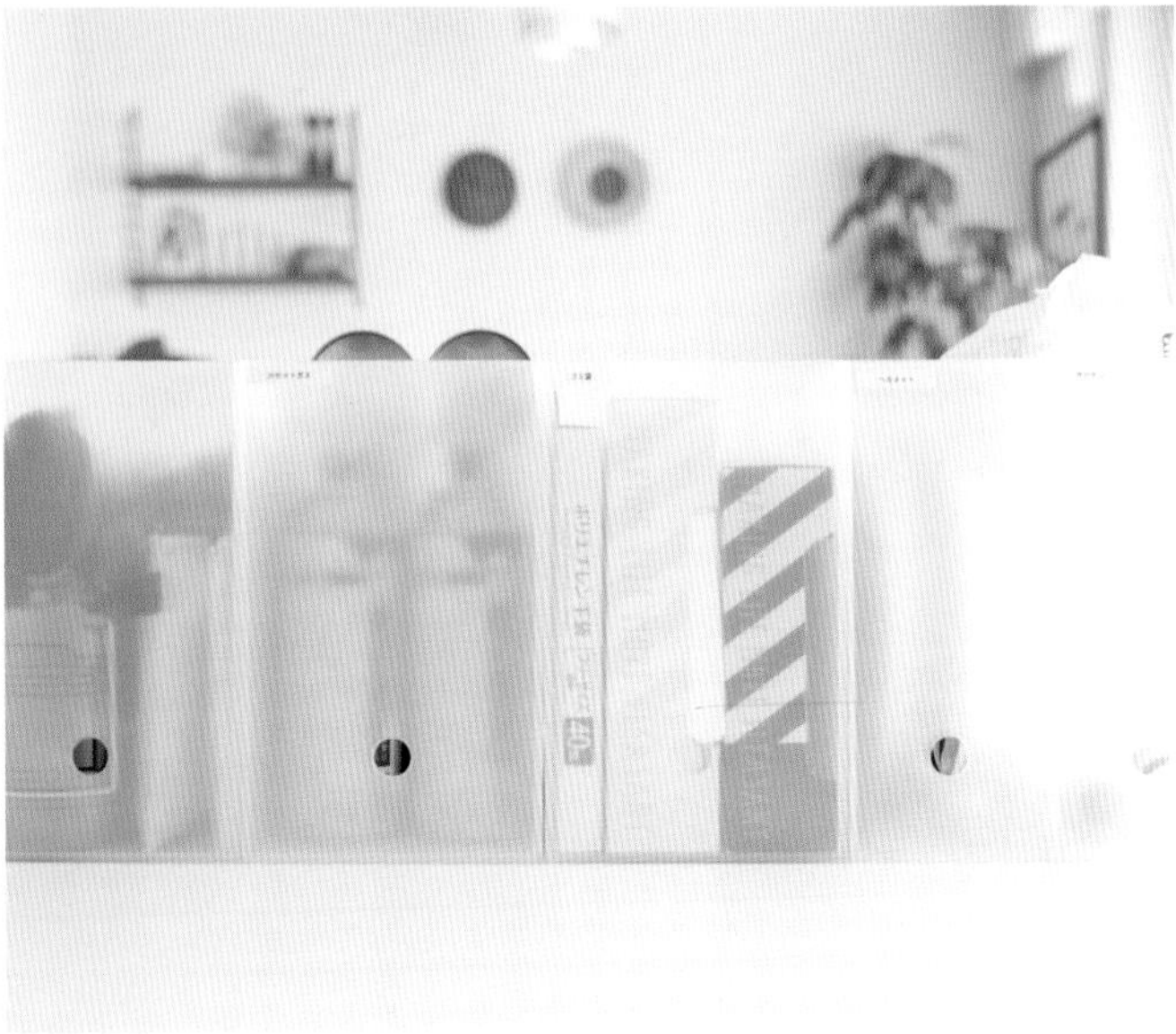

# 防災に おしゃれは必要？

ずっと苦手意識があった防災を暮らしに取り入れるには、**気に入ったものを選ぶことがポイントになりました。**苦手なことは続かないけれど、好きなことなら無理せず続くことが多いので、防災にもどこか「好き」と思えるポイントを見つけようと思ったのです。

「災害の時だけ役に立てばいい」という選び方ではなく、**普段も機会があれば使ってみたいと思えるような、便利な機能や好みのデザインのものを探してみることにしました。**

いざ、もの選びを始めてみると、私が思っていたよりもずっと防災グッズは進化していました。場所をとるから絶対買えないと思っていた防災ヘルメットが、４・５cmの厚さに折りたためるものがあると知った時の驚きときたら！

他にも、シンプルデザインで収納のことをよく考えられているアイテムや、機能面で優れているものもたくさんあって、防災グッズを選んでいるだけで役立つ知識や知恵が増えました。

一つひとつ選んだこれらのアイテムが、もしもの時に家族の助けになってくれるのです。**買って終わりにならないように、暮らしの中で大切に管理しながら備えを続けていく工夫をしています。**

完璧でなくても、
ほどほどに
「続けられる」を
優先する

今まで防災の本を読んでも「私にはできない」と思ったことがたくさんありました。書いてあることが正しいというのはわかるんです。それなのにできないと思ってしまうのは、**今の自分の暮らしには合っていないということなのかもしれません**。無理して同じようにやってみても、私にはきっと続かないでしょう。

だから自分の家の防災は自分の家のやり方でやってみることにしました。**たとえそれが１００％の防災対策になっていなくても、続けられそうなことを優先するのです**。

防災グッズは「好き」と思えるものから選びましたが、**仕組みづくりは「慣れていること」から考えることにしました**。防災グッズだからと特別な収納にしないで、他の暮らしのアイテムと同じように、使い慣れた収納グッズを使って管理するやり方です。無印良品のファイルボックスに入る量を一つのグループとして、ラベリングして、並べて収納する。ずっと暮らしの中でやり慣れているこの方法が、防災グッズにもぴったりでした。

また、日常生活でほどよく目にする場所を定位置にすることも、防災意識の継続にとても効果があると思います。フタをしない、中身が透けるボックスを活用するなど、目にする機会を増やす工夫もしています。

# CONTENTS

## CHAPTER 3
## いざという時に どこに何があるかわかる家に



## CHAPTER 4
## 清潔をキープして 暮らすための片付けと掃除

## CHAPTER 5 家族とのルールづくりと防災知識





STAFF
ブックデザイン：八木孝枝　写真：Misa　イラストレーション：holon　デザイン・DTP：宇田川由美子
校正：麦秋新社　編集協力：柳原香奈　編集：綿ゆり（山と溪谷社）

Chapter

# 1

A BOOK OF TIPS & HINTS
70
TO PROTECT YOUR FAMILY

# 普段の暮らしに馴染む「備える」ものたち

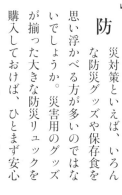

# 防災対策は何から始めればいい？

防災対策といえば、いろんな防災グッズや保存食を思い浮かべる方が多いのではないでしょうか。災害用のグッズが揃った大きな防災リュックを購入しておけば、ひとまず安心できるような気もします。

私の中ではずっと「防災対策＝防災リュックを買って準備しておくこと」でした。それ以上深く考えることもなかったし、そもそも防災リュック一つ選べないまま何年も過ごしていました。

大きな揺れを経験したことですっかり地震が怖くなり、真剣に防災対策について考えるようになった時、「地震がまた起こる可能性はどれくらいあるの？」というのがとても気になりました。正体がわからないものには必要以上に恐怖を感じたり、先を見通せないことに対しても、人は不安を感じるものです。安心を備えるためにはこの先どんなリスクがどれくらいあ

もし停電してもこれがあれば安心と思えるもの。

るのか理解しておきたくて、まずは「敵を知る」ということから始めることにしました。

地震についてよく調べてみてわかったことは、日本に住んでいる限り上手に付き合っていくしかないということ。また、土地の性質によっても想定されるリスクは様々で、本来ならば住む場所を決める時に必ず知っておくべきだということ。わが家にとって危険な点はどこか、それにはどう備えておいたほうがいいかを、きちんと理解してから備えることで、効率よく準備することができました。

# 防災は、暮らしとつながっている

「もしも」の時も、私は変わらず子どもたちの母親で、毎日ご飯を食べさせて、夜になったら一緒に眠り、できるだけ心と身体の健康を崩さないように努力するはずです。それまで家族と暮らしてきた生活を軸にして、あるもので工夫しながら不便な生活を乗り切ろうとするのだと思います。

そんな時、どんなものがあったら自分や家族の助けになってくれるでしょうか。おもちゃかもしれないし、薬や食べ物かもしれません。住む地域や家族構成によっても変わってくるでしょうし、その時の年齢や時代によっても異なりますよね。

結局「もしも」の時を乗り切る備えは、暮らしの延長です。防災と日常は違うものに見えて、しっかりつながっている。それらはきっと市販の防災リュックの中には入っていなくて、自分で見つけて備える必要があると思いました。

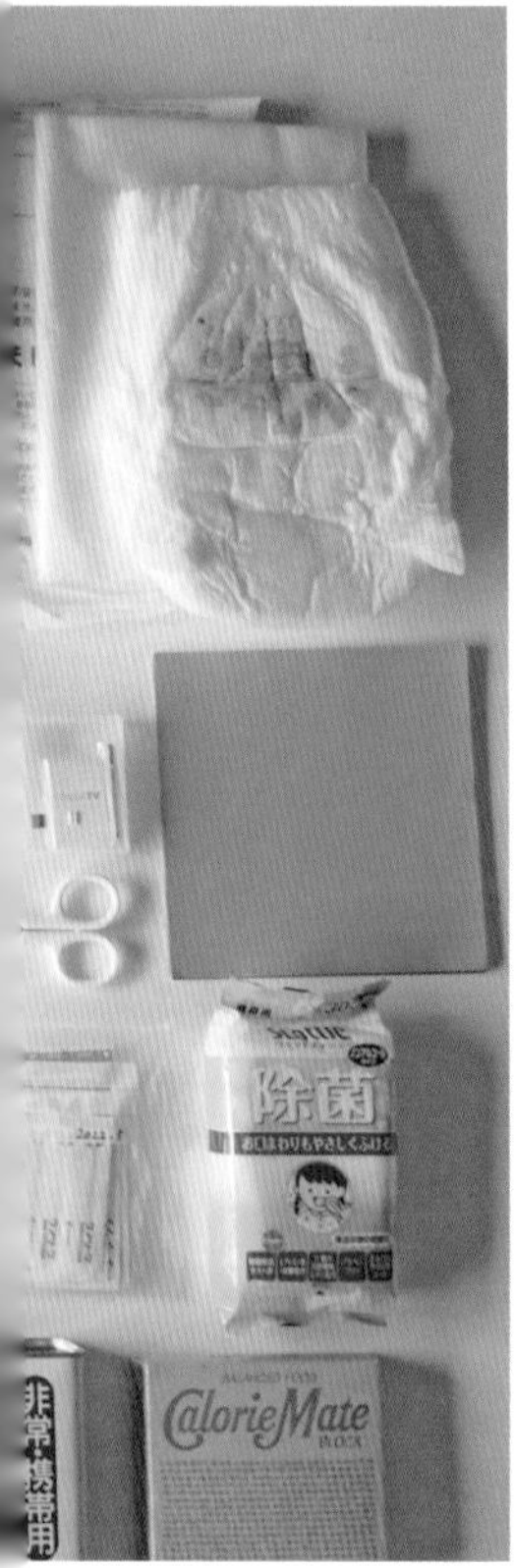

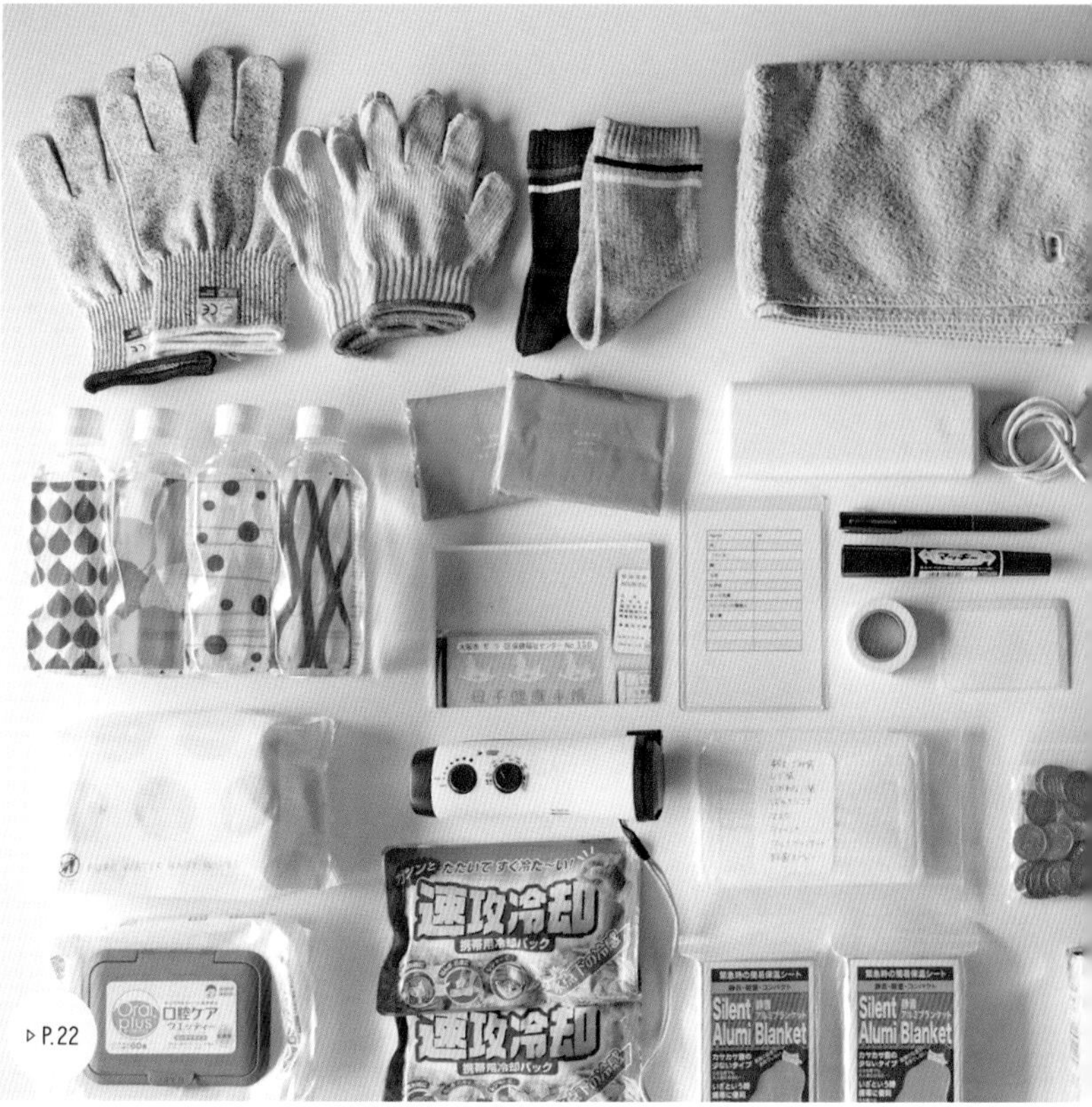

▷P.22

防災リュックに入れているもの。季節ごとに見直しをしています。

防災リュックを準備する時に想定したのは、私だけで子ども二人を連れて避難できること。とりあえず一日しのげるくらいのものを準備しておくことにしました。必要なものを細かく想定して厳選していますが、**これから子どもの成長とともに内容も変わっていくでしょうし、季節ごとにも見直しが必要になります。**だから詰めておしまいでなく、暮らしの中でついでにチェックできるような仕組みにしています。防災リュックに入れる優先順位は人それぞれなので、暮らしや環境に合わせて選んでみてください。

# 「もしも」の時にも使えるものの選び

暮らしの中に防災を取り入れるようになったことで、もの選びの基準も少し変わってきました。

それまでは機能やデザインで選んでいたものを、「もしもの時どう使えるかな?」という視点でも考えてみることが多くなりました。日常で使うものが備えとしても役立ってくれたら一石二鳥ですよね。

夏が来るたび購入を迷っていたクーラーボックスは、停電時には食品の保管に役立つと知り、買うことにしました。キャスター付きのものを選んだのは、断水した時に水を運ぶアイテムとしても活用できると考えたからです。重たいものを転がして運ぶことができる道具があると、なにかと便利です。防災専用ではなく、日常では海水浴や魚釣りに行く時にどんどん使っています。

他にも、子どもがダイニングテーブルでお絵描きする時に手元を照らすために購入したデスクライトは、充電して持ち運べるものを選びました。日頃充電しておけば、停電時にも使える安心感があります。

キッチンに常備しているガストーチは、キャンプでも使えるように強風にも耐える強力バーナー。防災の視点を少しプラスしたもの選びをしています。

Igloo（イグルー）のクーラーボックス。容量は約26L。
取っ手部分を収納すると廊下収納にコンパクトに収まる。

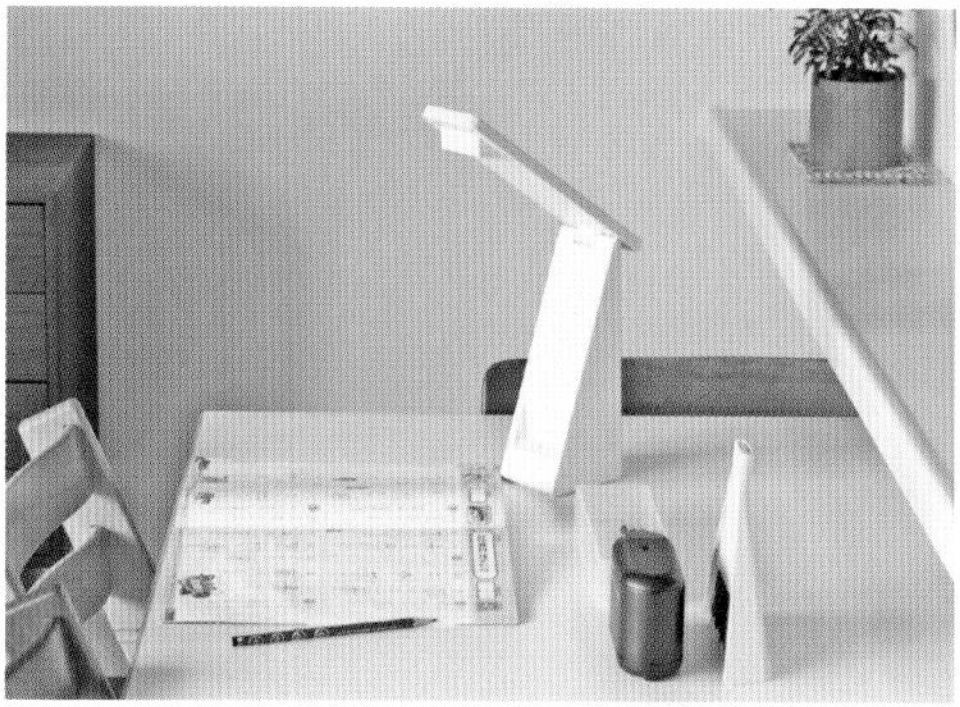

無印良品の手元を照らすリビングライトは充電してコードレスで使用できます。

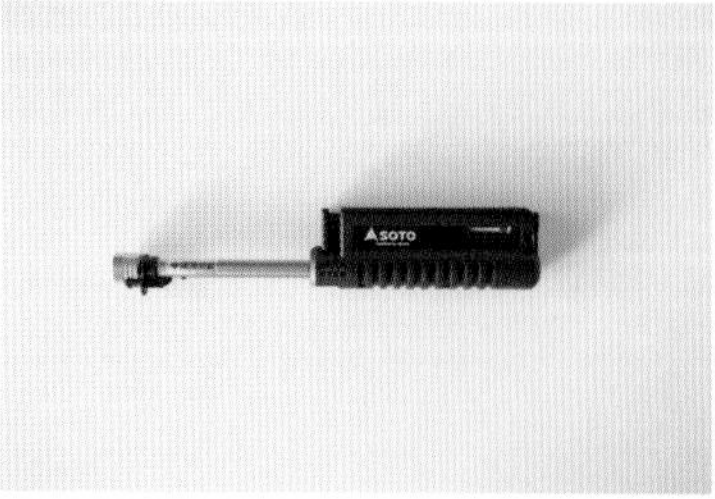


SOTO（ソト）のスライドガストーチ。収納時はコンパクトになり、カセットガスからの充てんができて経済的です。

# 使い慣れたリュックを防災用に活用する

一次避難用の防災リュックは、マリメッコのメトロという少し小ぶりなものを使っています。防災用にあらためて購入したものではなく、長男が生まれた頃から使い慣れていたリュック。子どもたちが大きくなるにつれて使う機会が減り、一年のうちのほとんどをクローゼットの中に置きっぱなしになっていました。

　防災について考えた時、家にあるものをうまく使いまわせたら管理もラクだなぁと思い、避難用リュックとして使うことにしました。使い慣れたものだとより安心です。

　小ぶりなリュックですが、パンパンに詰め込んだらかなり重たくなります。普段から運動不足の私のことなので、重すぎるといざという時に持ち出す余裕がなくて「置いていく」という選択をしかねません。自分と子どもの身を守ることが最優先になるので、無理のない重さにしておきたいところ。そんな理由で私は5キロまでの重さを目安にしています。本当に必要なものだけしか持ち出せませんが、完璧よりも現実的に。

　たまに他の用途でリュックを使うために中身を出すということも、防災リュック放置の防止にちょうどいいのです。

IDEA 01

## 自分が無理なく持てる重さを知っておこう！

旅に慣れているバックパッカーの女性でも、背負って旅するのは10kg前後だそう。子どもと一緒の避難を考えると5kgくらいにしておきたいところ。

## 他の用途でも使うから、中身が入れっぱなしにならない

遊びに行くためにリュックを使いたい時は中身を全部出すので、賞味期限や季節のものなどをチェックするいい機会になります。その都度便利なアイテムがあればどんどんバージョンアップしていきたいと思っています。

# 一次持ち出し用の防災リュックの中身

一次持ち出し用は災害時にさっと持って逃げられるための、必要最低限の備えです。一日しのげることを考えて中身を厳選。着替えや食料などあれこれ詰め込みたくなりますが、リュックの存在が避難の足手まといにならないようコンパクトにしています。もしも容量の関係でリュックに詰められないけれど、ないと不安なものがあれば、二次持ち出し用として別のかばんにまとめておくといいですね。

**千円札と小銭**

停電で現金しか使えない時のために。十円玉は公衆電話用に準備しておくのがおすすめ。

**家族分の水**

310mLの飲み切りサイズなので衛生的。柄で誰の水か見分けられるのも便利。

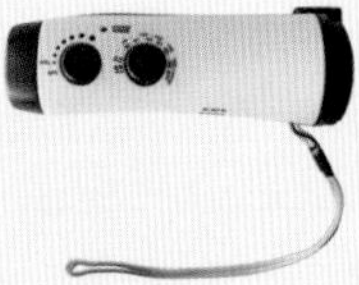

**LED ライト**

ラジオ付きでサイレン音も鳴らせる多機能なライト。手回し充電も可能。

**モバイルバッテリー**

20100mAhの大容量で、iPhone11proに約4回充電できるもの。急速充電対応のケーブルを準備。

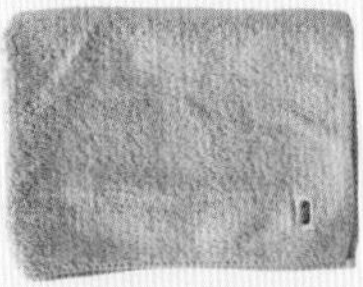

**大判タオル**

少し大きめのタオル。身体を拭くだけでなく、敷き物やタオルケット代わりにも使える。

**絆創膏**

使い慣れたものを準備。袋には使用期限を記載している。

### 除菌シート

手が洗えない状況を考えて、除菌シートを準備しておくと安心。

### カイロと冷却パック

寒い季節にはカイロを。暑い季節には叩くと冷たくなる冷却パック。季節で入れ替える。

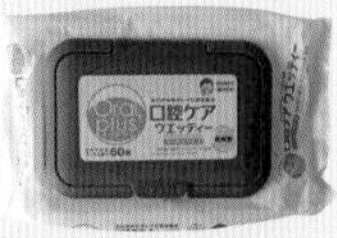


### 口腔ケア用品

歯磨きできない状況での口腔内の衛生管理に。使ってみると想像以上に爽快感がある。

### 緊急連絡先一覧表

スマホの充電がなくなった時のための連絡先メモ。百円ショップのケースに入れて防水対策。

### ドロップス

実はこれが最初に買った防災グッズ。子どもが好きな飴。不安な時こそ甘いものを。

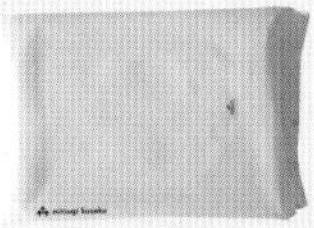

### ウェットティッシュ

子どもが赤ちゃんの頃から使い慣れたおしりふきを、ウェットティッシュとして使っている。

▷P.27

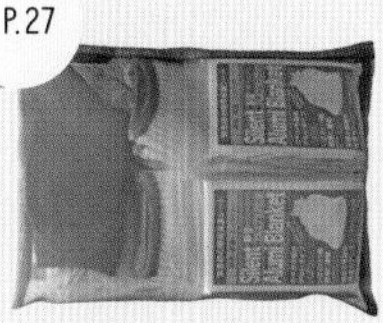

### ケガ防止&防寒セット

軍手と靴下、アルミブランケットなど。怪我防止や保温効果のあるものをまとめている。

▷P.26

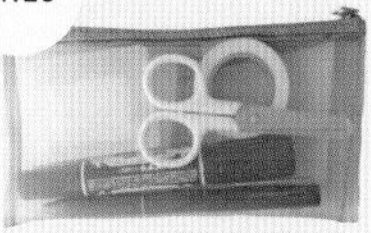

### 文具セット

ハサミや油性ペンなど避難所で使えそうな文具を準備している。

▷P.24

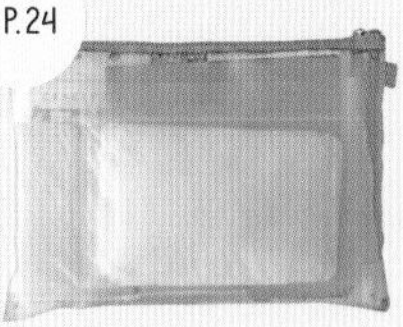

### 衛生セット

袋類やトイレ、マスクなど、衛生用品を中心にまとめている。

# 細々したものはポーチ小分けを

細かいものはグループ分けしてポーチにまとめています。私はメッシュポーチの中にできるだけ平たく入れて、リュックの中で立てて収納するようにしています。リュックに詰める時は上に重ねていくよりも、立てて並べる方が目的のものを見つけやすく、取り出しやすいです。ハリのあるポーチはシャキッと立つのがメリット。中身が見えることもポイントです。

## POUCH ① 衛生セット

多用途に使えるポリ袋は3種類準備し、大きさや特性で使い分けられるように。マスク、簡易トイレ、子ども関係のものなどをひとまとめにしています。

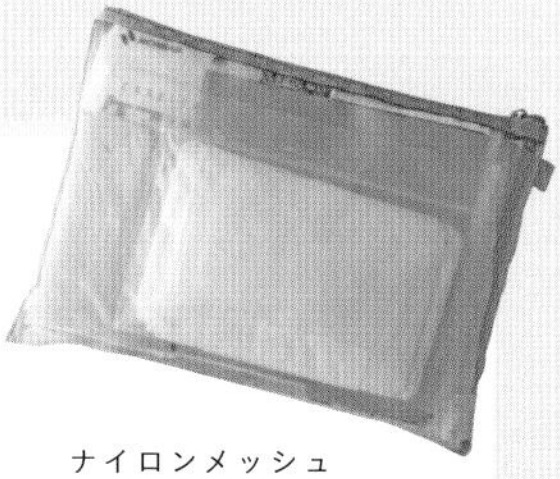

ナイロンメッシュケース／無印良品

**防臭袋**

紙おむつと組み合わせれば子どものトイレとしても使える。臭わない袋を持っておくと安心。

驚異の防臭袋／BOS

**取っ手付きポリ袋**

濡れたものやゴミ入れにしたり、荷物を運ぶ時にも取っ手付きだと便利。

**ゴミ袋**

厚手で丈夫な45ℓのゴミ袋。敷き物にしたりレインコートがわりにも使える。

タフなゴミ袋／日本技研工業

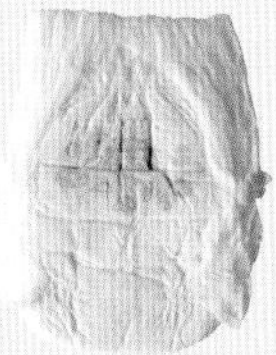

### 紙おむつ

余っている紙おむつは災害用に活用。袋とセットすれば子どもの簡易トイレになる。

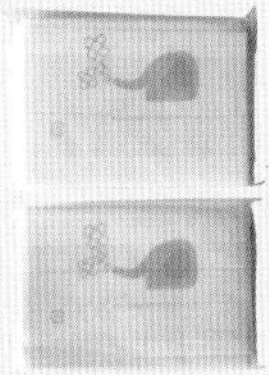

### ポケットティッシュ

普段から使っている水に流せるタイプのポケットティッシュ。

### 災害用トイレ

袋と高速吸収凝固シートが一体化した簡易トイレ。

災害用携帯簡易トイレ／サニタクリーン

### 傷防水テープ

使い慣れている絆創膏の、大判サイズで防水のものを準備。

ケアリーヴ超大判防水タイプ／ケアリーヴ

### 子ども用マスク

普段は布マスクですが、避難用には個包装されている不織布マスクを。

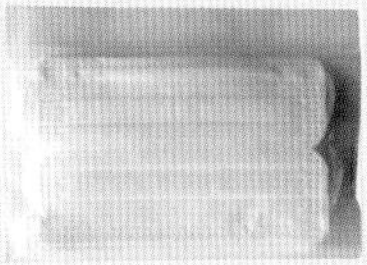

### 大人用マスク

普段から使い慣れている不織布マスクを少し多めに。

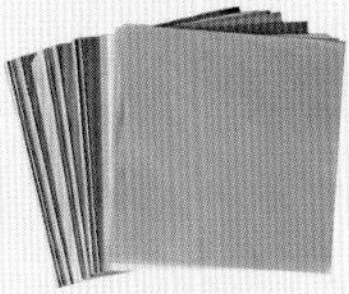

### 折り紙

子どもの遊び道具として。折り紙は折ったり、絵を書いたり、切って遊んだりもできる。

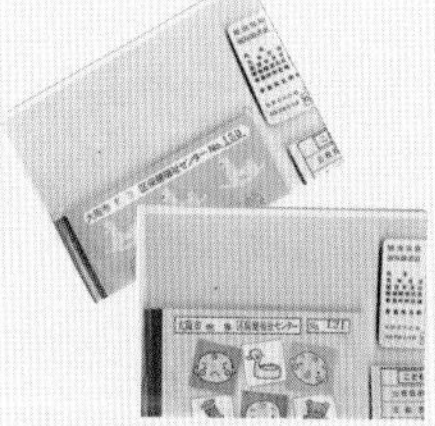

### 母子手帳のコピー

母子手帳と保険証と医療証をセットにしてコピー。子どもの防災ポーチ（P.108）にも同じものを入れておくと安心。

### 抗菌綿棒

傷口を洗ったり、手で直接触れない時に使える。抗菌タイプ。

## POUCH ② 文具セット

書ける＆貼れるものがあると便利です。ガムテープだとかさばるし重たくなるので、防災リュックにはタックシールとマスキングテープを入れています。ペンやハサミと一緒にひとまとめに。

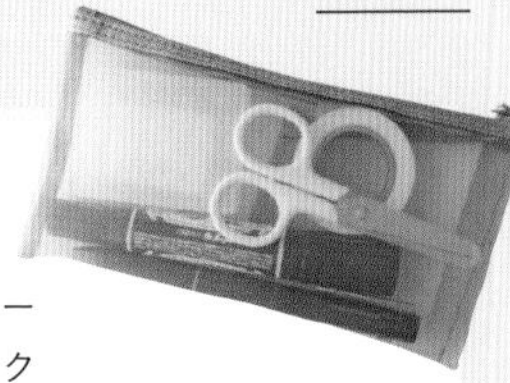

ナイロンメッシュペンケース・ポケット付き／無印良品

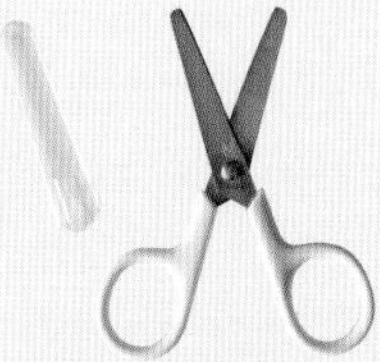

### ハサミ

携帯用のハサミ。小さいサイズを常備。

ステンレスはさみ／無印良品

### ボールペン

自分のメモ用に一本あると安心。子どものお絵かきなど、暇つぶしにも使える。

### 油性ペン

どんな場所にも書けて濡れてもにじまない。自分の持ち物やポリ袋に記名する時に使う。

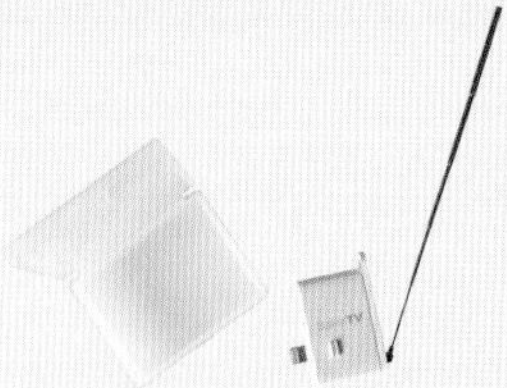

### モバイルTVチューナー

iPhoneのLightningコネクタに接続するだけで、テレビを観ることができる。映像で速報などを確認したい時のために。

(チューナー) サイトスティック／ピクセラ、(ケース)ポリプロピレン小物ケース・M／無印良品

### タックシール

貼れるメモとして、伝言に使ったり持ち物の記名にも使える。

### マスキングテープ

白いテープは文字を書けるので便利。他のテープがない時に代用もできる。

☑ **ガムテープ**：東日本大震災の時、避難所ではガムテープにアレルギーのある食材を書いて、子どもの服に貼り、誤食を防いだそう。

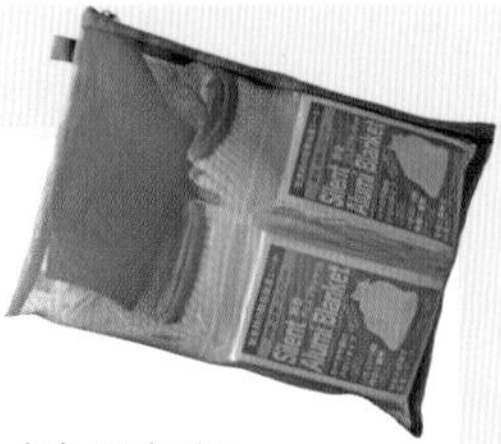

## POUCH ③ ケガ防止＆防寒セット

ケガ防止や防寒になるものを入れています。災害時、子どもサイズのものは手に入りにくくなると聞きます。子どもに合ったサイズのものを準備しておくのがおすすめ。

ナイロンメッシュケース／無印良品

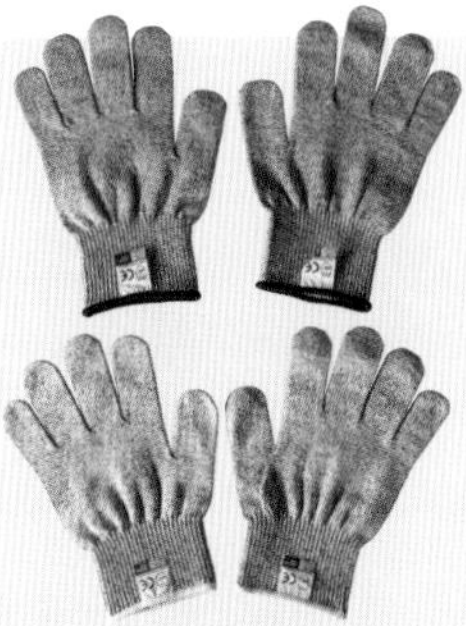

### 防刃手袋

刃物でも切れない丈夫な軍手。割れたものを触る時などの怪我防止に。

防刃手袋／ niceluke

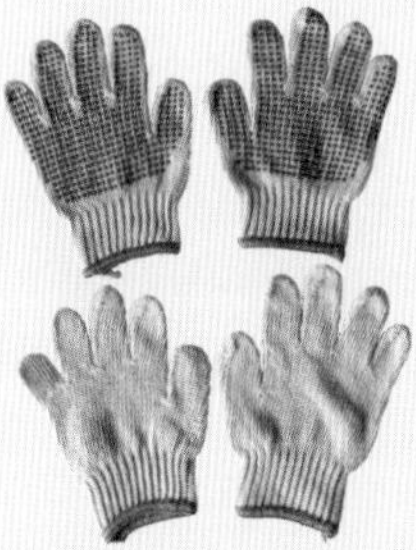

### 子ども軍手

滑り止め付きの軍手。寒い時は防寒アイテムとしても使える。

子ども用軍手／百円ショップ

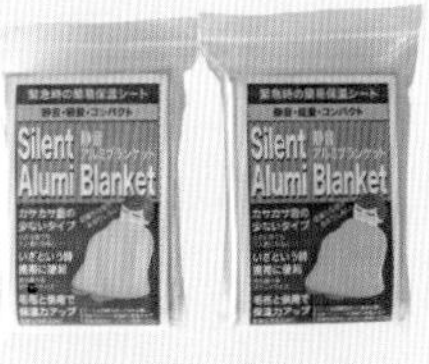


### アルミ保温シート

熱を逃さない保温シート。大人の体もすっぽり包める大きさなのにコンパクトにたためる。雨風や日よけにも。カサカサ音がしない、静音タイプが◎。

静音アルミブランケット／エピオス

### 子ども靴下

足の怪我を防ぐ靴下は少し厚めのものを用意。寒い時は防寒アイテムにもなる。

防災ポーチの中にはアルコール除菌スプレーやマスクも。少し前までは非常時の防災アイテムだと思っていたものも、今ではすっかり日常の必需品になりました。

▷P.30~31

# 普段のかばんの中にも「もしも」の備えを

外出時の持ち物はできるだけ少なく、と思っていた私ですが少し変わりました。地震の時に、周辺のマンションでもエレベーターが停止して数時間出られなかった人がいたり、地震発生時に電車で移動中だった夫も2時間ほど車内から出られなかったそうです。もしそうなったら困るな～と、持ち物が少なすぎることに対して不安を感じるようになりました。

外出先でそんな想定外のことが起こった際、**自分を少しでも助けてくれるアイテムはなんだろう？と考えて作った防災ポーチ。電車や車で出かける時は必ず持ち歩くようになりました。**それ以外にもモバイルバッテリーやエコバッグ、少しの飲み

物を持ち歩く習慣がすっかり身について、多少のトラブルには以前よりも落ち着いて対応できそうな気がしています。

自転車で近所に買い物に行く時でも、スマホとモバイルバッテリーはセットで持ち歩くことが多いです。

# かばんの中身をご紹介！

水は310mlのペットボトルのサイズがちょうどいい。マスクや除菌スプレー、絆創膏など、細かいものは無印良品のメッシュポーチにまとめています。中身が見えるので探しやすい。モバイルバッテリーは常にスマホとセットで持ち歩きます。持ち歩くことがすっかり習慣になったエコバッグは、持ち手が少し長めで斜めがけもできるタイプを愛用しています。基本キャッシュレス決済なのでお財布はコンパクトに。

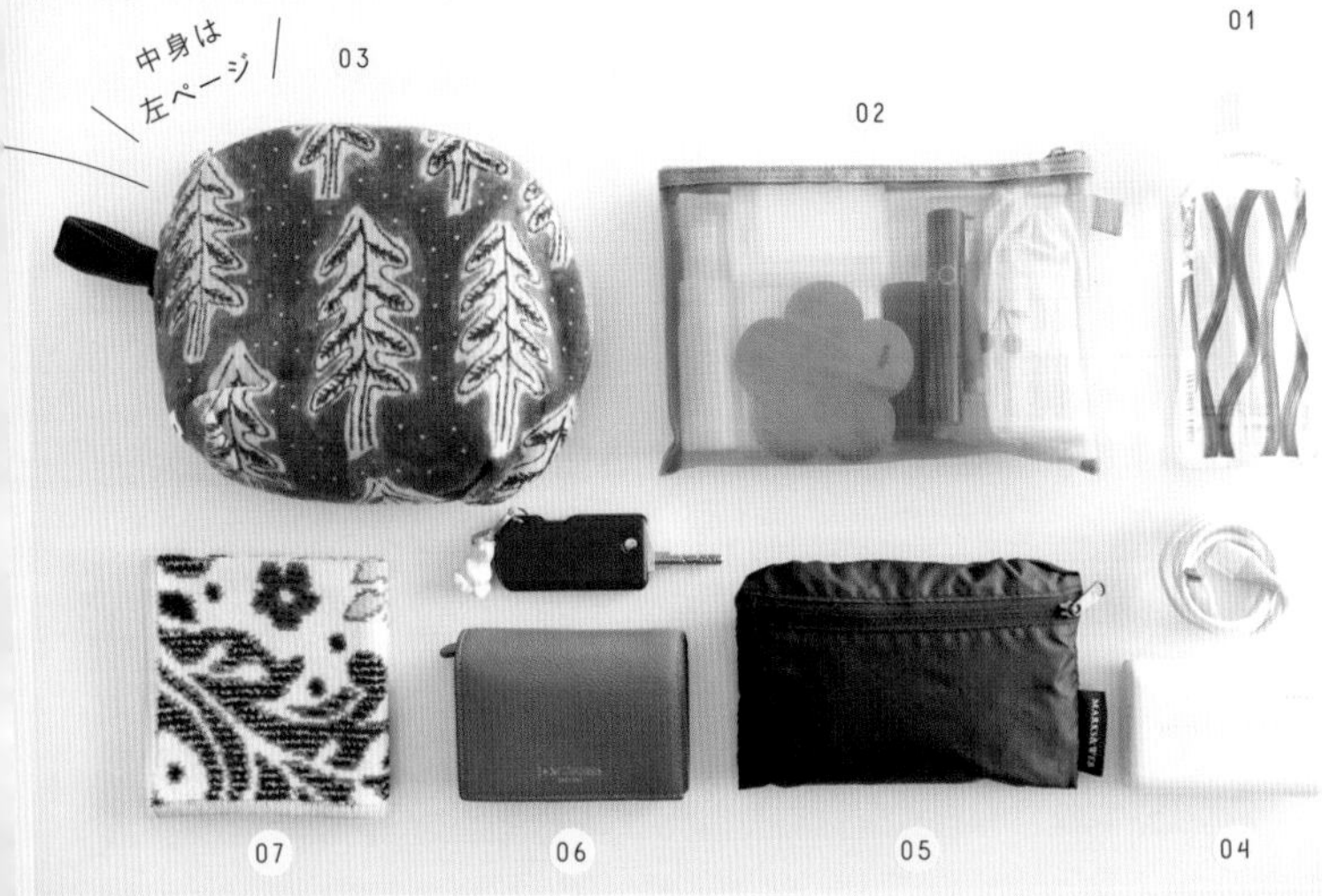


**メッシュポーチの中身！**

- ティッシュ
- レジ袋
- フィルム石鹸
- ミラー
- 常備薬
- マスク
- 除菌スプレー
- 絆創膏
- リップカラー

01 キリンやわらか天然水310mL
02 メッシュポーチ／無印良品
03 防災ポーチ
04 ANKER　モバイルバッテリー
05 ナイロンバッグ／MARKS&WEB
06 鍵とミニウォレット／J & M DAVIDSON
07 ミニタオル

## 防災ポーチに入れているもの

ゴミ袋や取っ手付き袋は、雨よけにしたり地面に敷いたり、荷物を入れたりと、多用途に使えます。小銭入れのファスナーには無印良品のミニライトをつけています。寒い季節に持ち歩く充電式カイロはモバイルバッテリーにもなります。

計ってみた
450gと軽い!

01　45ℓゴミ袋、レジ袋、中身が見えない防臭袋
02　携帯トイレ（サニタクリーン）
03　（冬）カイロ
04　マスク
05　緊急連絡先一覧表
06　小銭（千円札、百円玉、十円玉）
07　充電式カイロ

# 防災アイテムはシンプル&コンパクトなものを選ぶ

防災アイテムを買う気になれなかった理由の一つに、「収納場所に困る」というのがありました。わが家は3LDKのマンション暮らし。収納スペースは多くない方だと思います。

　不要なものはできるだけ持たずに暮らしているつもりですが、収納スペースはそれなりに埋まっています。もしものための備えは私にとって、「本当に必要なもの」とはなかなか思えずにいました。

　大きな地震を経験したことで初めて防災が「安心して暮らすためには欠かせないもの」になり、わが家でも快適に備えられるものを考えるようになったのです。

　まず、できるだけコンパクトに収納できるものを探すことにしました。すると、私の中の勝手な防災グッズのイメージとは違ったアイテムを色々見つけることができました。

　ランタンやヘルメットがコンパクトに収納できるように工夫されていたり、シンプルなカラーだったり。まさか防災用のヘルメット二つをファイルボックスにすっきり収納できるなんて！

　これならわが家に備えておきたいな、と思えるアイテムを少しずつ選んでいきました。

スライドするだけで簡単に自動点灯。使わない時は縦12.5cmとコンパクトに収納できる。
LEDスライドランタン／AUKELLY

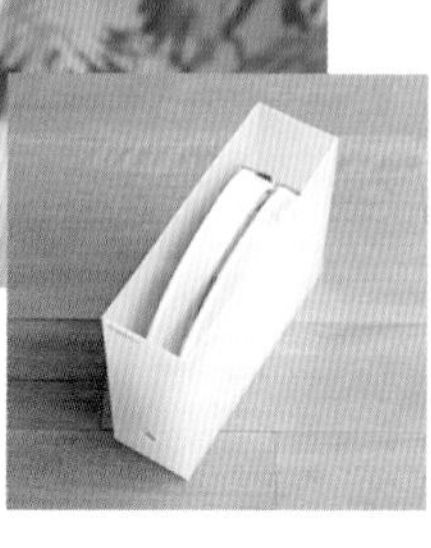

ヘルメットは折りたたむと、厚さ45mmです。
夫婦二人分を揃えています。子どもは自転車用のヘルメットを。
折りたたみ防災用ヘルメット　オサメット／防災防犯ダイレクト

# リュックに入れない防災アイテムは無印良品のファイルボックスに収納

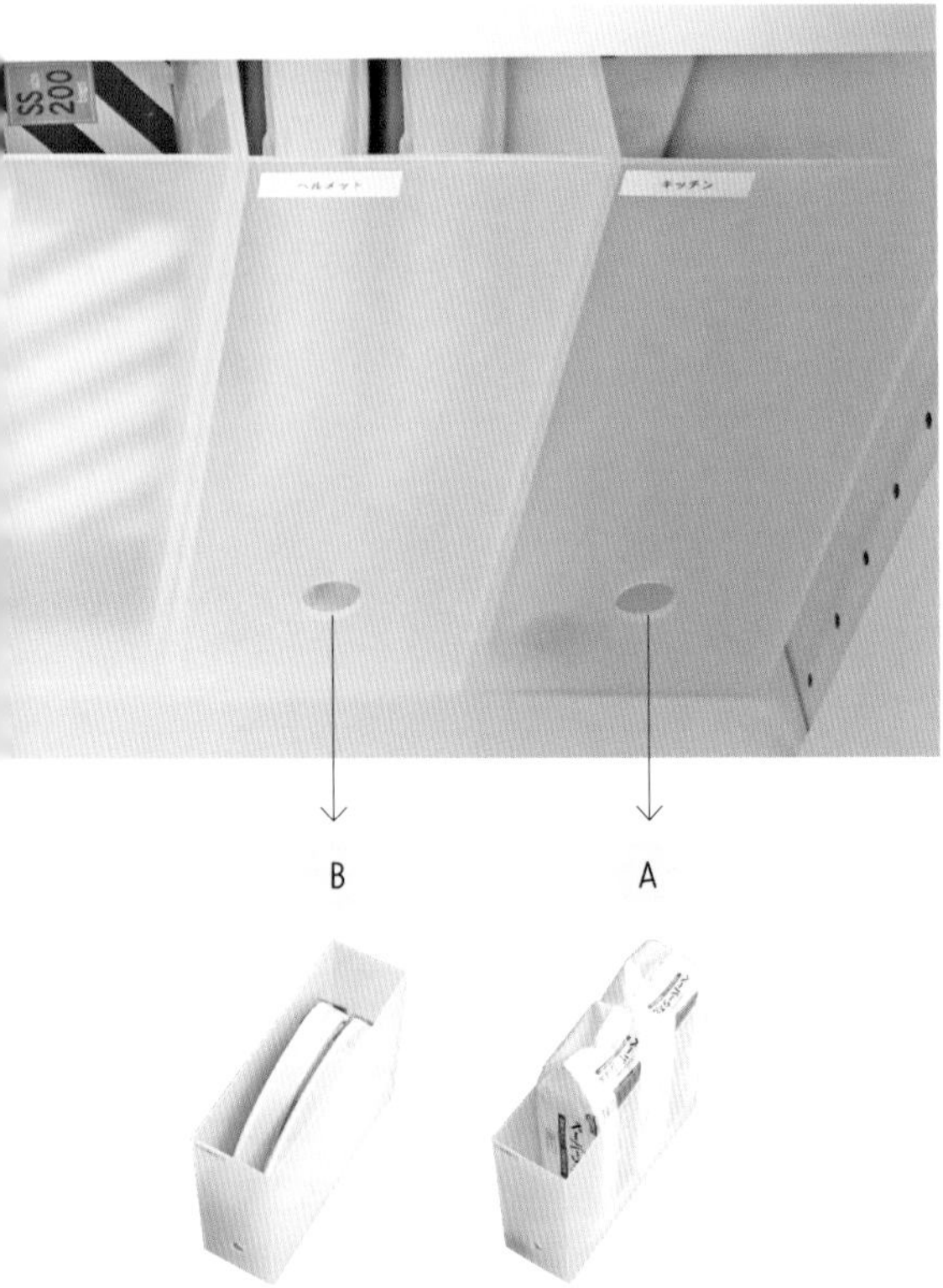


防災グッズは大きなリュックやボックスにまとめて収納して、フタを閉めてしまえばすっきり！　となりそうですが、私にとっての課題は「継続」。

とにかく細く長くでもいいから防災意識を持ち続けること。それが大事です。あの日怖くて不安だった気持ちも、防災グッズのことも、忘れてしまわない仕組みを整えておきたいと考えました。

そこで、普段から使い慣れてい

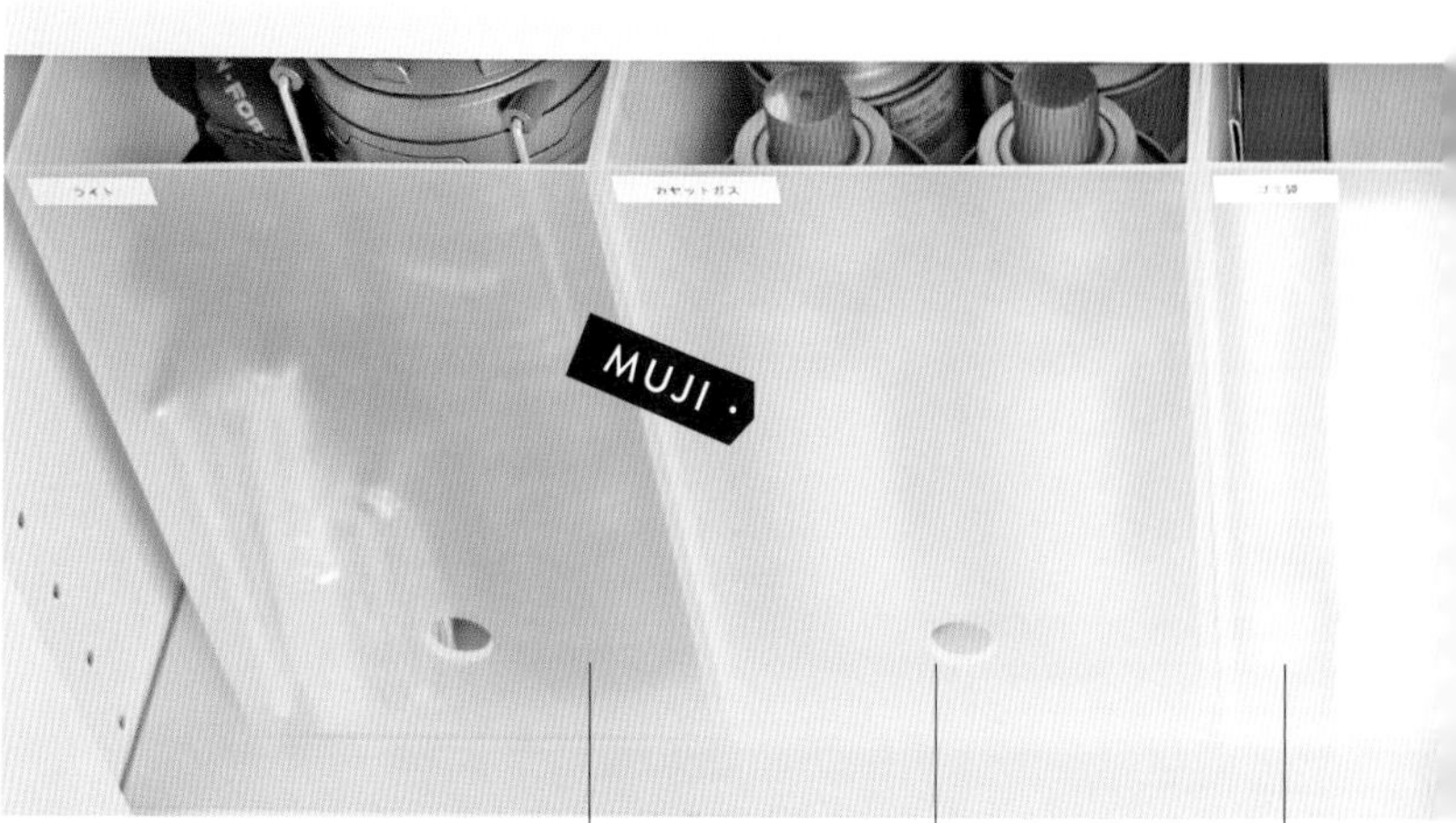


ポリプロピレンファイルボックス
／無印良品

E

D

C

半透明のファイルボックスを使えば、中に何を入れているか、家族もすぐにわかります。ラベリングをしておくとさらに便利。

る無印良品のファイルボックスを防災の収納に使うことにしました。

　整理収納に使うアイテムは、中身が透けないものを選ぶことが多いのですが、防災アイテムはあえて半透明のものを使って、中の存在が確認できるようにしました。小さなことですが、効果は抜群です！　何が入っているか、一目でわかります。

　フタはなしで、重ねることもせず、棚に一列に並べる。簡単に出し入れできて、全体を確認しやすい仕組みです。

　とにかく管理する手間を最小限にすることが継続への大事な一歩だと思ったのです。

C

## 使い慣れている衛生セット

45ℓゴミ袋、防臭袋（SS、L）、ドライシャンプー、ナイロン手袋、マスク。簡易トイレや水の運搬にも使えるように45ℓゴミ袋は厚手で丈夫なものを備えています。

E

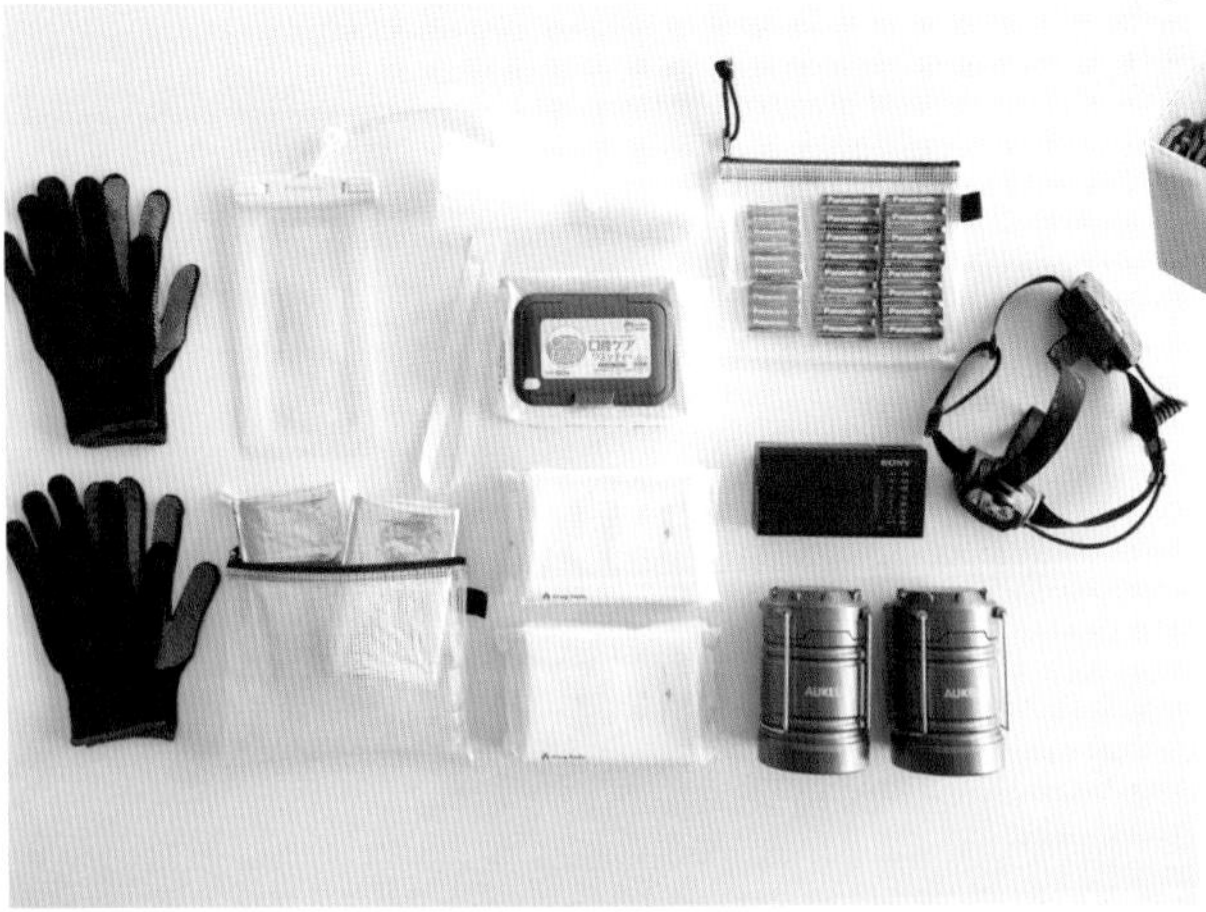


## ライトや電池

ヘッドライト、乾電池、ウェットティッシュ、スマホ用防水ケース、ラジオ、懐中電灯、LEDランタン、ティッシュペーパー、アルミブランケット、軍手など。停電時に使いたい灯りや乾電池も。

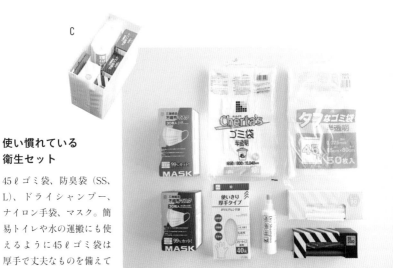

D

## カセットボンベ 10本

1本で約60分使用できます。ガスは電気に比べて復旧までに時間がかかるので、カセットこんろと合わせて、多めに備えておきたい。

B

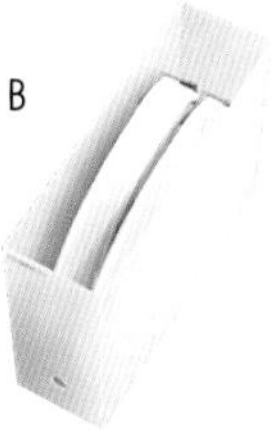

## 折りたたみヘルメット

折りたたむと2つ分収納できます。台風の時に必要性を感じて備えることにしました。中にタオルを詰めれば頭が小さな子どもにも使えそう。

A

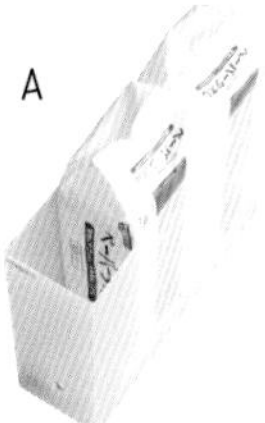

## ペーパータオルとラップ

普段使っているペーパータオルを多めにストック。断水時にはタオル代わりにも使えます。ラップを食器に巻いて使えばラップを取り替えるだけでOK。

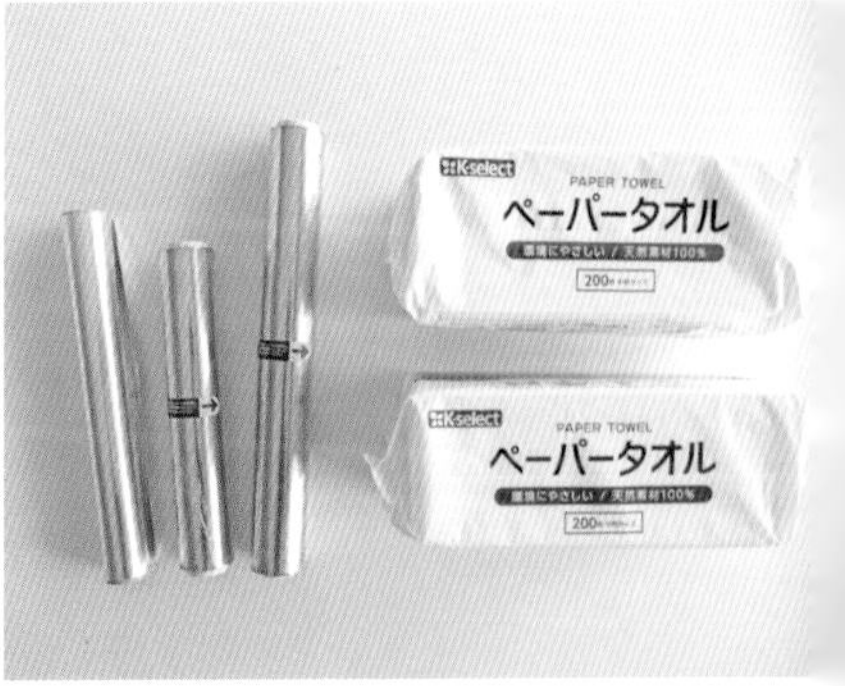

GOODS CATALOGUE

# 防災グッズを選ぶ時の
# こだわりのポイント

省エネや丈夫さは、災害時にはとても心強いです。
もの選びに迷った時には、ぜひ参考にしてみてください。

省エネ

## カセットこんろ

連続燃焼時間約72分のカセットこんろ。省エネタイプのものを選んでいます。普段の食卓でも鍋などを囲む時に使っています。

カセットフーエコプレミアム／イワタニ

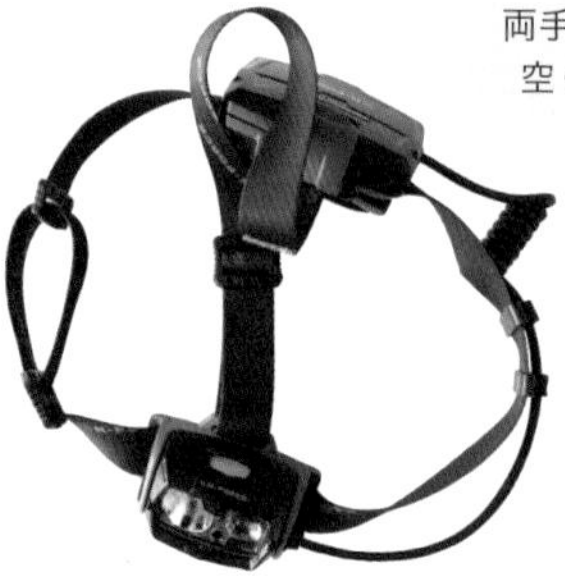

両手が
空く

## ヘッドライト

両手が空くということが最大のメリット。頭につけるもよし、首にかけるもよし。日常生活では子どもの耳掃除の時に使っています。

ヘッドライト／N-FORCE

## 防臭袋

子どもが紙おむつだった頃お世話になったアイテム。防災用としてだけでなく日常生活でも使えます。SSサイズとLサイズを備えています。

驚異の防臭袋／BOS

厚み

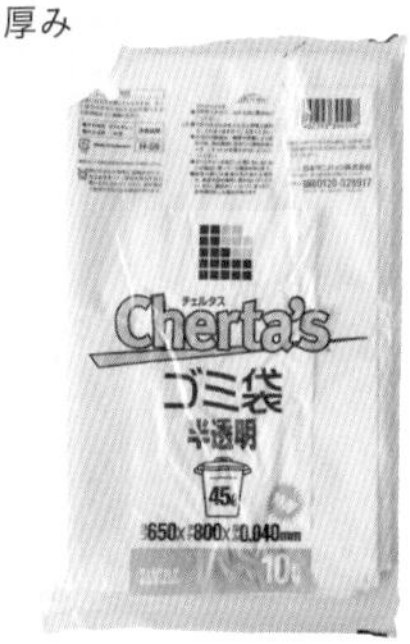


## 45ℓゴミ袋

普段のゴミ出しには大容量のお買い得品を使用。それとは別にちょっと厚め、ちょっと丈夫なものをストック。厚さ0.025mm以上を目安に。

チェルタス／サニパック

単機能

## ラジオ

乾電池式のコンパクトなラジオ。停電時は音があるだけでずいぶん安心できるそう。LEDライトなどと一体化のものではなく、機能が独立しているものを備えています。イヤフォンも準備しています。

ハンディーポータブルラジオ／ソニー

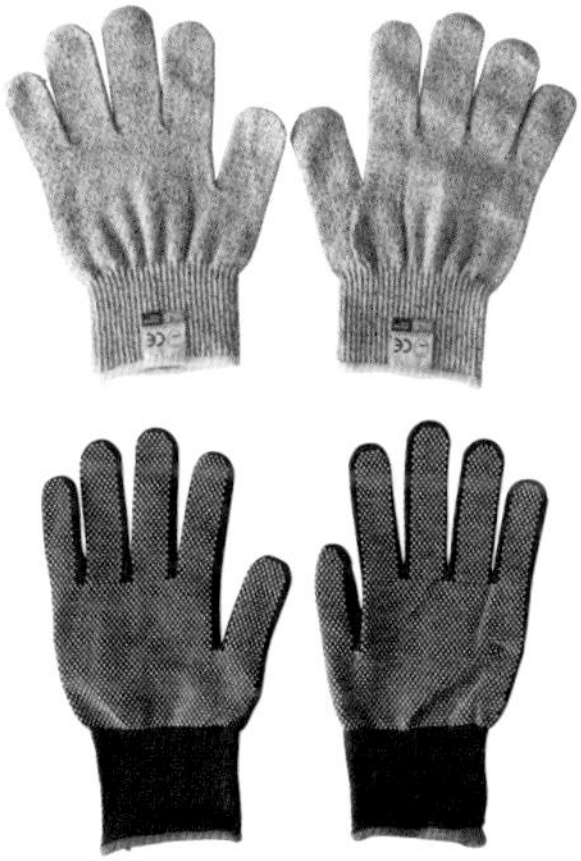

## 防刃手袋と軍手

防刃手袋は割れた食器や壊れたものなど、廃棄処理する用として持っておくと災害時にも安心。フィット感のある滑り止め付きの軍手は百円ショップのもの。状況によって使い分けたいところ。軍手は防寒アイテムとしても使えます。

防刃手袋／ niceluke（上）
軍手／百円ショップ（下）

# 母親目線の防災

自分一人で子どもを守る、避難するとなると少し荷が重く感じることがあります。どんな状況になっても、自分はともかく子どもにはつらい思いをさせたくないのが親心ですよね。

もしもの時に子どもの役に立つものは何かなぁと考えた時、一番に“甘くておいしい飴”が思い浮かびました。私が一番最初に買った防災アイテムは災害用ドロップスでした。

虫歯になるからと、普段のおやつにはなかなか用意しないこの飴ちゃんが、被災して不安な状態になった時には子どもの心を少し癒してくれるかな？　ドロップスは缶の中から味を選ぶのもまた楽しいですよね。

阪神・淡路大震災の時、被災したお母さんたちが「持っていて一番役立った！」と答えたのが、レインコートだったそうです。レインコートは雨を防げます。それだけではなく、すっぽりかぶれるフードが災害後のチリやホコリから子どもを守ってくれるそう。風を通さないので、防寒具としても役立ちますよね。一人一着持っておくと安心です。

一般的な防災グッズではなくても、母親だからわかる「わが子の安心グッズ」というのもあると思います。好きな手触りのものだったり、少し不調でも食べられる定番の食材だったりするかもしれません。そんなことも前もって考えておけるといいですよね。

Chapter

2

A BOOK OF TIPS & HINTS
70
TO PROTECT YOUR FAMILY

# 安心して暮らすための部屋づくりとインテリア

# 大好きなインテリアと防災

私にとって心地よい家は、毎日の家事がスムーズになる動線、おうち時間が楽しめるインテリア、それから季節やイベントの雑貨を気ままに飾れること。好きな絵柄のお皿を壁に飾るだけでも、心がふわっといい気分になって家がまた好きになり、毎日の掃除や片付けも頑張れるような気がします。

　大阪府北部地震を経験したあとしばらく、インテリアがどうでもよくなった時期がありました。**インテリアを楽しめるというのは、心が安定している証なのかもしれません。**

　家の中にある危険そうなものは徹底的に取り除き、立てて飾っていたプレートは引き出しにしまい……、キッチンのオープンシェルフですらどう使ったらいいのかわからなくなってしまいました。

　その時の私は〝0か100か〟の思考になっていて、「とにかく安全で安心できる空間にしな

くては」という気持ちが100だったように思います。

すっかり殺風景になった空間で、インテリアにもお掃除にも熱が入らず、防災のことばかり考えながら時は流れていきました。

そして少しずつ、「安全」にとらわれすぎて、毎日の暮らしを楽しめていない自分に気がついてきました。

防災はとても大事だけど、やっぱり好きなインテリアも楽しみたい。そのためにはどんな工夫をしたらいいだろう。少しずつ、できそうなことを探していく気持ちが芽生えてきました。

LIVING ROOM

# 安全なもので インテリアを楽しむ工夫

IDEA 01

### 壁に飾るプレートは場所を選んで

地震などで万が一落ちた時に、床に直接落下しない場所だと衝撃が軽減されてリスクも少ない。棚の中やカウンターの上など、場所を選んで飾るようにしました。

防災とインテリアの両立を長く続けていくためには、どちらも無理なくほどほどに、完璧でなくても減災できたらそれでいいと考えるようになりました。例えば、高い場所でも軽いものなら飾れますし、プレートも場所を選んで飾ればそれほど危険ではありません。

もしもの時を想定しながらインテリアを考えることは、以前ほど自由ではなくなったかもし

れませんが、安全な家づくりは自分と家族のため。制限がある中でも私なりの楽しみ方を見つけて、今までのような心地よい家づくりをしていけたらいいなと思っています。

IDEA 02

## 高い位置には軽いものを

木の雑貨なら軽くて落ちても割れにくいので、高い場所にも安心して飾れます。陶器でも小さなサイズのものであればそれほど危険ではないはず。カゴなどの柔らかい素材を取り入れることも多いです。

IDEA 03

## 吊り下げ観葉植物はプラスチックだと安心

インテリアにプラスすることで簡単に癒しの空間が作れる観葉植物。壁にネジを打ち込んで引っ掛けているのは、軽いプラスチックの鉢のもの。よく見ると安っぽさもありますが、植物の葉っぱに隠れて目立ちません。

IDEA 04

## 軽くて割れにくいフレーム

ポスターを飾っているフレームは、フロントパネルが安全なプラスチック製のもの。軽くて薄くて、もし落下しても割れにくいので安心です。

フィスクボー／イケア、（ポスター）アートプリント／ココラパンデザイン

虫ピンは無印良品のピルケースにネジと一緒に収納しています。ダイニングの収納に置いているのですぐ出せて、片付けるのも簡単。

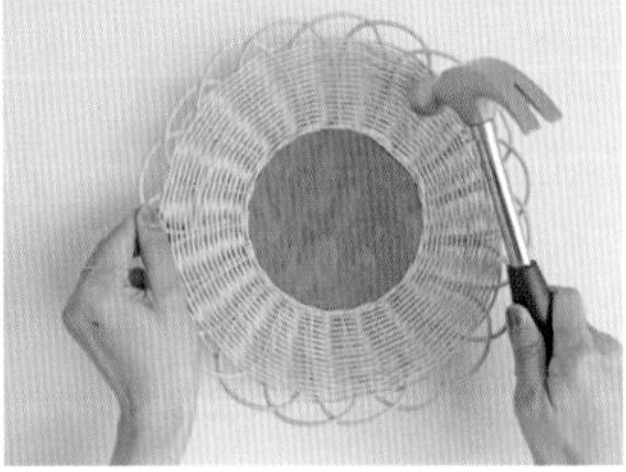

壁に雑貨を飾る時、軽いものであれば虫ピンを使うことが多いです。穴は画鋲よりもずっと小さくピンは長めなので、雑貨を飾るのにちょうどいい。

IDEA 05

## 布で楽しむ

水のストックなどを入れている和室の押し入れの目隠しカーテンは、インテリアの一部と考え、好きなデザインを飾って楽しんでいます。布なら安全で気軽に取り入れやすく、簡単に部屋の雰囲気を変えることができます。

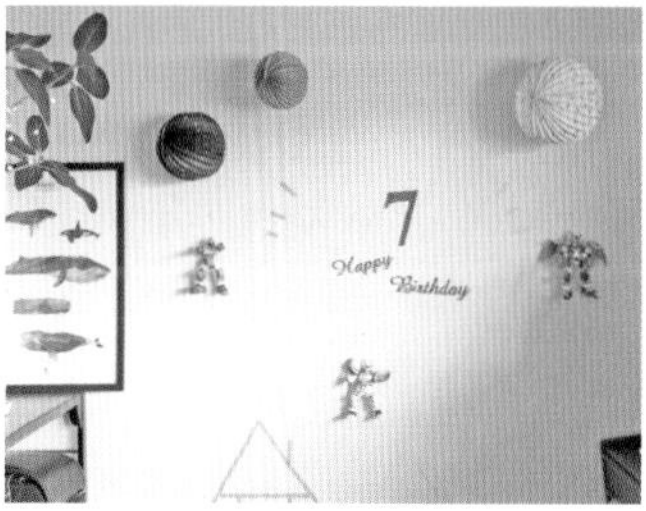


IDEA 06

## 壁に貼って楽しむ

お祝いごとの時には壁に直接マステやウォールステッカーを貼って飾ったりもします。子どもの好きなキャラクターを印刷して貼るだけでも特別なお部屋に早変わり！ハニカムボールは紙でできているので、天井からぶら下げても安全。

KITCHEN

# キッチンの防災対策

キッチンの背面は、腰高の引き出し収納に食器や乾物などを収納しています。その食器棚が、大阪府北部地震の時に、揺れですべって前にせり出し、前に傾きました。上にのせていた電子レンジがあと少しで落ちそうになっていて、とても危なかったので、すぐにキッチン全体の収納を見直しました。

まず、食器棚を安定させるために、もともと付いていた脚を取り外し、下に耐震ジェルマットを敷きました。他にも電子レンジや冷蔵庫など重量のあるものには、同様に耐震グッズを使って固定しています。

IDEA 02

## レンジの下に耐震ジェルマットを敷く

簡単に固定できて、洗って何度でも使えます。

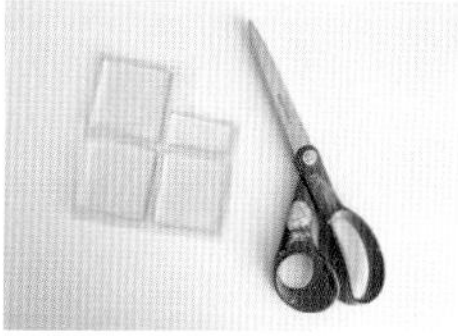

必要なサイズに切って使えます。

IDEA 03

## 食器棚の脚を外す

底の手前に敷くだけでも、滑り止め効果があります。

IDEA 01

## 冷蔵庫は耐震グッズで固定

はずせるベルトなので、大掃除の時は動かせます。

# 安全な食器棚の工夫

食器を収納している引き出しは、転倒防止のためにできるだけ重心を低くしました。重たい大皿は一番下段に収納し、重ねて積まないように仕切りやディッシュスタンドを活用。立てて収納する仕組みにしたことで出し入れも快適になりました。

また、引き出しの開け閉めで中のものが動かないように、下に防湿・防虫効果のある滑り止めシートを敷いています。キズ防止にもなり、汚れたら洗うこともできるシート。わが家では年末の大掃除の時期に新しいものに取り替えることが多いです。もしもの時にも引き出しの中で食器同士がぶつかり合うのを軽減する効果もあるので安心です。食器をたくさん持ちすぎず、安全に収納できる量を持つ意識も防災につながる大切なことだと思います。

IDEA 01

## ディッシュスタンド

ディッシュスタンドはプレートサイズに合わせて選べます。収納したい食器の厚みに合わせて無印良品の仕切りスタンドも活用。

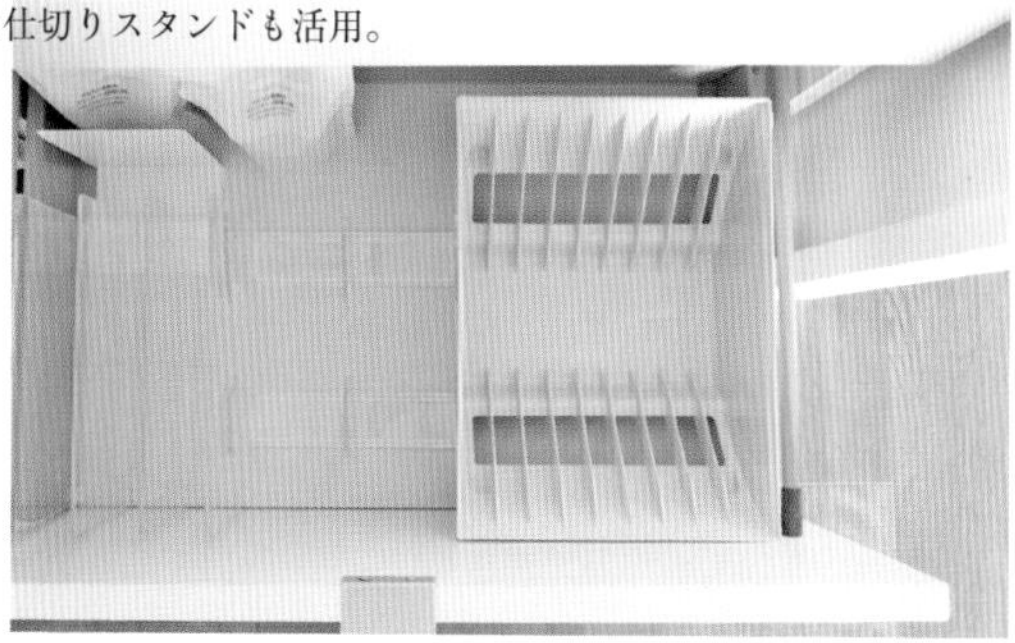

ディッシュスタンド／TOTONO

IDEA 02

## 造作の棚にも滑り止めシート

コップやグラスを収納している造作の棚にも滑り止めシートを敷いています。地震などの揺れで食器同士がぶつかり合うのを軽減できます。

IDEA 03

## IHこんろ下の引き出しも重いものは下段に

デザインが好きで以前はオープンシェルフの上段に置いていたストウブの鍋。安全面を考えてIHこんろ下の引き出し収納に変更しました。

# オープンシェルフを安全に使う

オープンシェルフによく使う食器を並べておくと、扉がない分、出し入れがラクで、食事の支度がスムーズになります。ワンアクションで取れるのが便利で、毎日使う器は出しっぱなし収納にしておきたいのですが、地震直後は迷っていました。

試行錯誤した結果、万一棚からものが落ちてきても安全な使い方にしようと工夫。頭より高い位置になる上の二段は、軽いものや割れないものだけを置くことにしました。プラスチックの器なども取り入れながら、安全で便利に使えるようにしています。

壁に取り付ける家具は、転倒することがないので安心です。地震対策には造作家具も選択肢に入れてみるといいと思います。

IDEA 01

## お茶パックは割れない缶で保管

毎日沸かすお茶のパックの収納は、缶を使えば使い勝手もよく見た目もかわいい。すぐ手に取れるようIH近くの窓辺に置いています。割れない缶はオープンシェルフでも活用しやすい。

IDEA 02

## 軽いものをカゴ収納

カゴは軽くて安全ですし、こまごましたものをすっきり収納できます。中には年に数回使うお弁当セットや、紙コップ、紙皿、割り箸、プラのフォークやスプーンなど、普段も使いながらローリングストックしているものを。

カゴ収納のものには、ホコリよけにキッチンペーパーを上にかけています。

# 手軽に短時間で充電できる仕組みにしておく

コードレスの電化製品は持ち運びが便利で、停電時にも使える安心感があるため、わが家では充電式のものを選ぶことが多くなりました。

コードレスのアイテムを快適に使いこなすコツは、いつでも手軽に充電できるようにしておくことだと思っています。ついつい後回しにして、使いたい時に充電切れでがっかり……なんてことにならないために、すぐ充電できる場所を作っておくのがおすすめです。充電のたびに専用のケーブルを出したり片付けたりする手間を省き、出しっぱなしにしておけば、いつでも接続するだけでいいのでラクです。その状態でも散らかって見えないように、シンプルなボックスを用意して、キッチンカウンターの一番奥を充電スペースとしました。

防災用に購入したモバイルバッテリーがとても便利で、毎日家の中でスマホを充電する時にも活用しています。夜寝る前に、その日使ったモバイルバッテリーを充電器につないでおけば、翌朝には満タンになっています。

こうして防災アイテムを日常に取り入れながら、電力のストックも習慣化していけたら突然の停電時にも心強いです。

充電スペースには無印良品のソフトボックスを使っています。
柔らかい素材なのでカメラなどの電子機器を置く時も傷つきづらく安心。

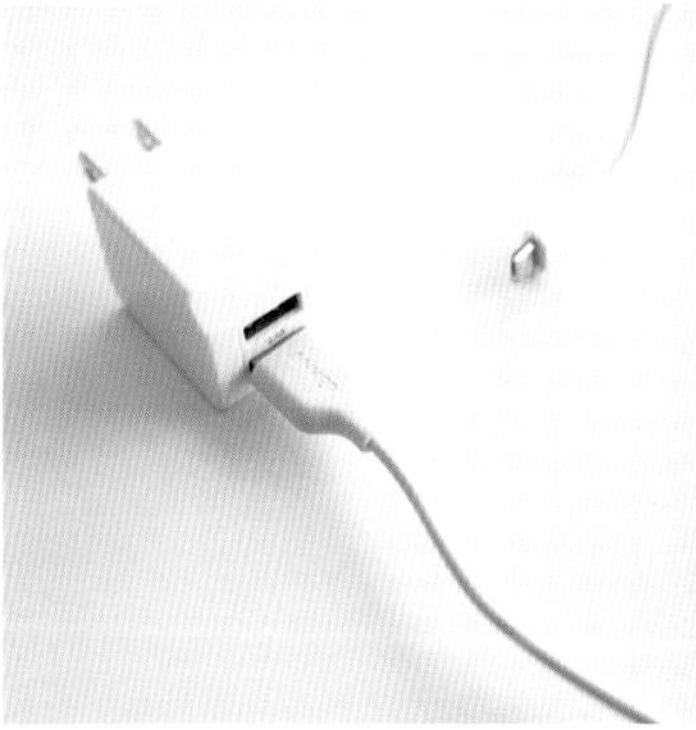

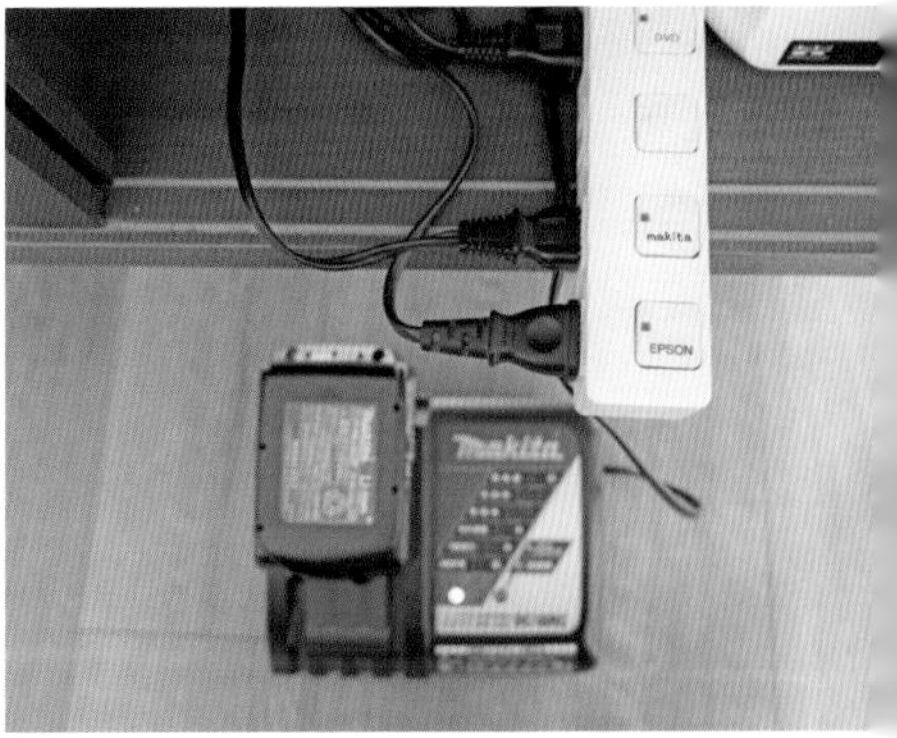


アダプタとケーブルは、急速充電対応を改めて購入しました。充電時間をかなり短縮できます。アダプタはコンパクトで2ポートのものを。

Owltech ACアダプタ / ANKER PowerLine Micro USBケーブル

コードレス掃除機の充電も、電源タップを活用して手軽にできる仕組みに。

すべて同じ充電器で
充電できます

IDEA 01

## 充電する機器がどのコネクタに対応しているか把握しておく

わが家で使っている機器はMicroUSBで充電できるものが多いです。ハンディファン、モバイルバッテリー、LEDライト、Bluetoothスピーカー、カメラ、ビデオカメラなどはこれ一本で全て充電可能です。購入した時に付属するそれぞれの充電器を出したり片付けたりすることなく、いつでも手軽に充電できる仕組みはとてもラクです。

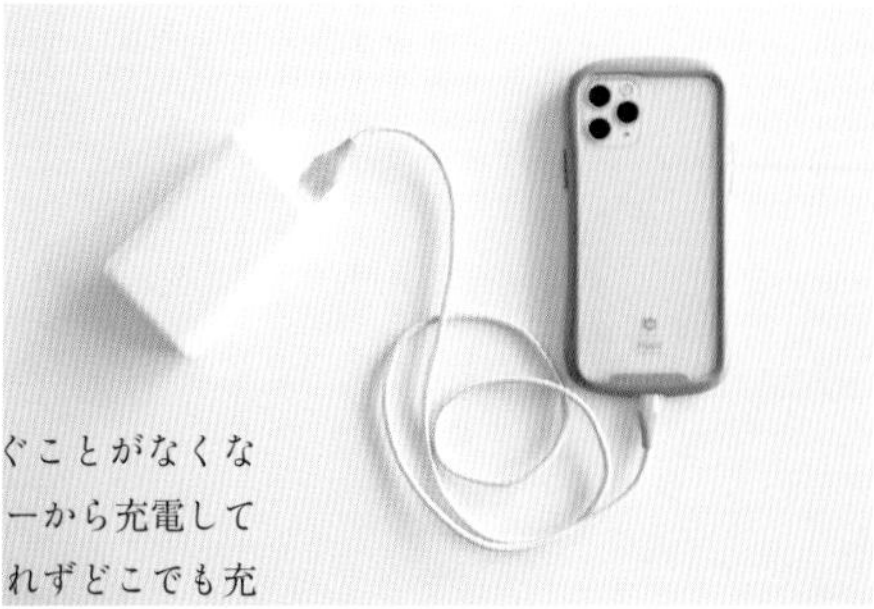

IDEA 02

## モバイルバッテリーは常に満タンのものがスタンバイ

スマホを直接コンセントにつなぐことがなくなり、家の中でもモバイルバッテリーから充電しています。コンセントの位置に縛られずどこでも充電できて快適です。また、災害などで急にモバイルバッテリーを持ち出さないと行けない時もフル充電されていて安心。充電のタイミングや仕組みが習慣になっていることは停電時も心強いです。

IDEA 03

## 防災リュックにはスマホとセットで入れる

緊急時に持ち出すモバイルバッテリーは防災リュックに入れっぱなしにせず、日常的に使っています。もし避難することがあったらスマホとセットで最後にリュックに入れることになります。普段から使い慣れておけて、いつもフル充電した状態でスタンバイしておけるのがメリット。

# 普段の暮らしにも小銭があると安心&便利

常に自宅には用意してある小銭があります。百円ショップの小銭ケースを引き出しに入れて、すぐに取り出せるようにしています。

災害時にはカードや電子マネーが使えないこともあると思い備えていますが、普段でも、こうして用意してあると便利で安心です。

幼稚園や学校などで急に細かいお金が必要になることがあってもあわてずに済みます。友人とたくさんで割り勘するような日には小銭を多めに持ち出したりしています。

# Chapter 3

A BOOK OF TIPS & HINTS 70 TO PROTECT YOUR FAMILY

# いざという時に
# どこに何があるかわかる家に

# 安全な家づくりの第一歩、整理収納

この家が家族みんなにとって、心休まる癒しの空間であってほしい。学校や、仕事や、他にもそれぞれに外で頑張っている家族が、帰ってきてホッと安心できる家がいい。それは自分も含めてです。

そのためには掃除や片付けがある程度必要になってきます。すっきりと片付いた部屋は心が安定し、みんなが機嫌よく過ごせるいい循環を生み出してくれ

ます。必要なものが定位置に収まり、家族の誰でもいつでも出せて、すぐ片付けられる。私が収納を考える時はそんな理想の暮らしが目標になっています。

暮らしを整えることは防災ともつながっています。備えている食料品や水を管理しやすい仕組みにしておくことは、防災を無理なく続ける上でとても大切なポイントになってくると思うからです。いざという時に必要な書類がさっと出せるようにしておけたら、あわてなくて済みます。そんなふうに、もしもの時に安心につながるような家づくりのポイントを整理収納の視点からご紹介します。

# 家族みんながわかるラベリング

ラベリングの効果はすごいです。ものが格段に見つけやすくなり、片付けるのもスムーズになります。まだ子どもが小さくて文字も読めなかった頃、幼稚園グッズやおもちゃ収納で、お片付けする場所に写真を貼ったりマークをつけたりしていましたが、大人もわかりやすくて助かる仕組みでした。

つい適当な場所に片付けてしまうことへの予防効果もあり、収納が乱れにくくなります。なんでも「見える化」することはものを管理する上でとても効果的！　誰が見てもわかるようにラベリングを取り入れてみるのはおすすめです。

IDEA 01

## 食品のストック

キッチンには白のマスキングテープと油性ペンを常備。カット野菜や餃子の作り置きなど、冷凍する時には保存袋に日付を記載しています。食べ頃の目安になって安心。

IDEA 01

## 電池の種類

ランタンやヘッドライトなどには電池の種類をラベリング。停電時にもあわてず準備できるように工夫しています。

IDEA 03

## スイッチに

電源タップにもラベリングしておくことで、スイッチの押し間違い防止になります。

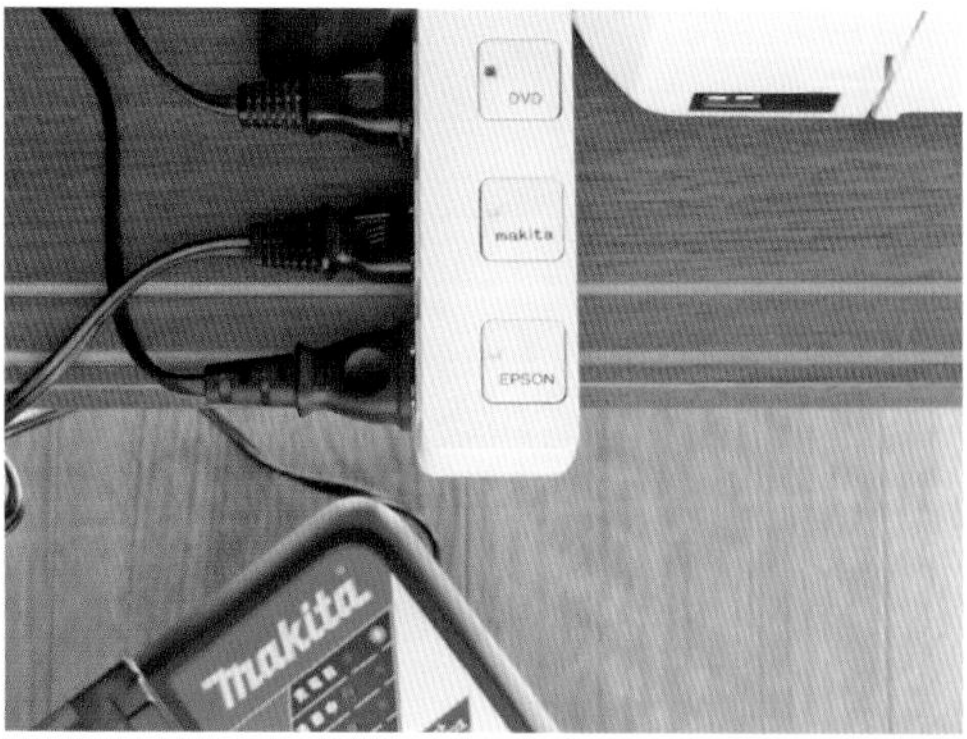

CLOSET

# 管理しやすい水の収納

季節ものを入れたケースの近くに置くことで、衣替えをするついでに、賞味期限のチェックをして、期限切れを防ぎます。

飲み慣れた水を備蓄しておきたくて、**わが家では長期保存水ではなくふつうの水をローリングストックしています。**購入したらすぐに箱から出して、押入れの奥の隙間に収納しています。この押入れは子どもの洋服や季節の家電を収納しているので、季節の変わり目には必ず動きがある場所。衣替えのついでに備蓄水が目に入り、賞味期限のチェックのきっかけになっています。〝ついでに管理〟ができる仕組み。

　手前の収納ケースはキャスター付きで子どもでも簡単に引き出すことができます。また、お水はここ一箇所だけでなく、

IDEA 01

## ローリングストックのコツ

まとめて購入した水は箱のまま積んでおくと後から面倒になるため、すぐに箱から出します。

↓

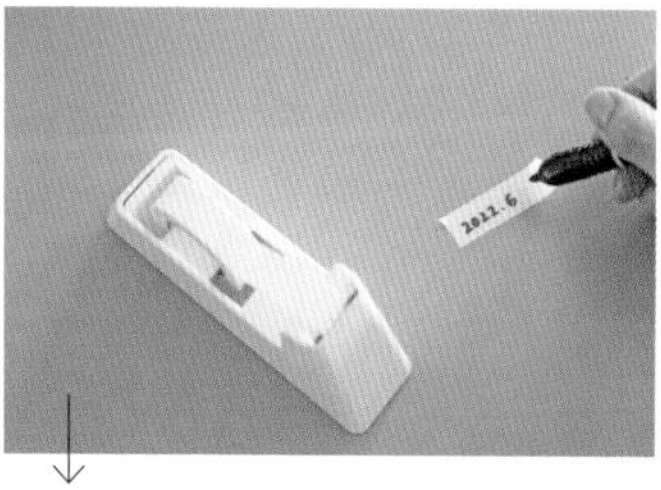


↓

賞味期限は白のマステに太ペンで記入しておくと離れた場所からでも見やすい。マステはいつもキッチンで使い慣れているもの。

賞味期限の短くなったものはキッチンに収納し、分散させています。

IDEA 02

## 分散収納

賞味期限が短いものからキッチンに置くように。お出かけの時などここからさっと持ち出せる仕組みです。

CLOSET

# 防災アイテムは日常でも目に入りやすい仕組みにする

一時避難用の防災リュックやその他の防災アイテムは、リビングと玄関をつなぐ廊下収納にまとめています。

わが家はキッチンの収納が少ないので、ホットプレートやすし桶は廊下に収納しています。他にも紙袋や本を収納しているため、週に一度くらいの頻度で開ける場所です。

防災グッズを棚の奥にしまい込まずに、こうして定期的に開ける場所を定位置にしておくことによって、暮らしの中で自然と目に入る機会を増やせて、管理がしやすくなります。

防災アイテムはそれぞれ大きさも形も違いますが、ファイルボックスにまとめると棚にすっきり収まります。半透明のボックスを使えば中身を把握しやすく、フタがないとさっと出し入れできることも便利なポイントです。

▷P.68~71

防災リュックやヘルメットは玄関に置くものだという先入観がありましたが、狭い玄関なので普段の暮らしが不便にならないように収納場所を考えました。管理の面でも廊下収納の方が玄関よりもずっとやりやすく、わが家には合っています。

A
B
C
D
E

## IDEA 01 すぐ出せるライト

廊下収納扉を開けてすぐ手に取れる場所に、停電時に使えるライトを入れています。寝室の近くなので、もしも夜中に停電することがあってもさっと出せます。

## IDEA 02

### カセットこんろとカセットガスは近くに収納

普段の夕食時にも使うことの多いカセットこんろは、キッチンではなく廊下収納が定位置です。すぐ下にカセットガスを置いて、使う時も片付ける時もセットでラクです。

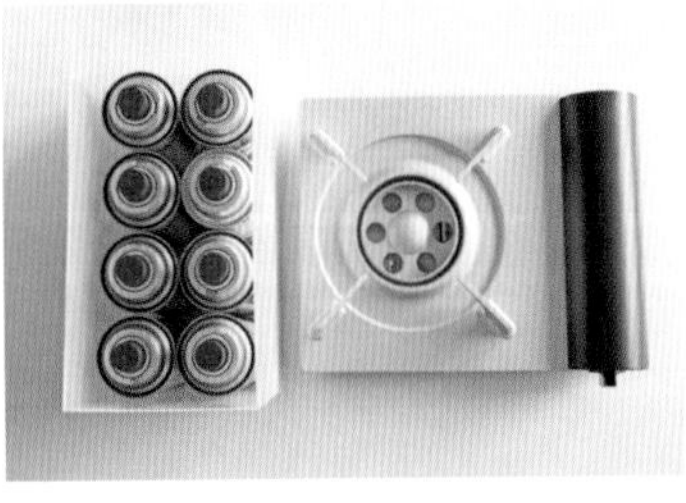

B

## IDEA 03 一次避難用の防災リュックもすぐ出せる

防災リュックを持ち出すことがあったら、一緒にヘルメットやヘッドライトなども
すぐ身につけられるように、同じスペースに収納しています。

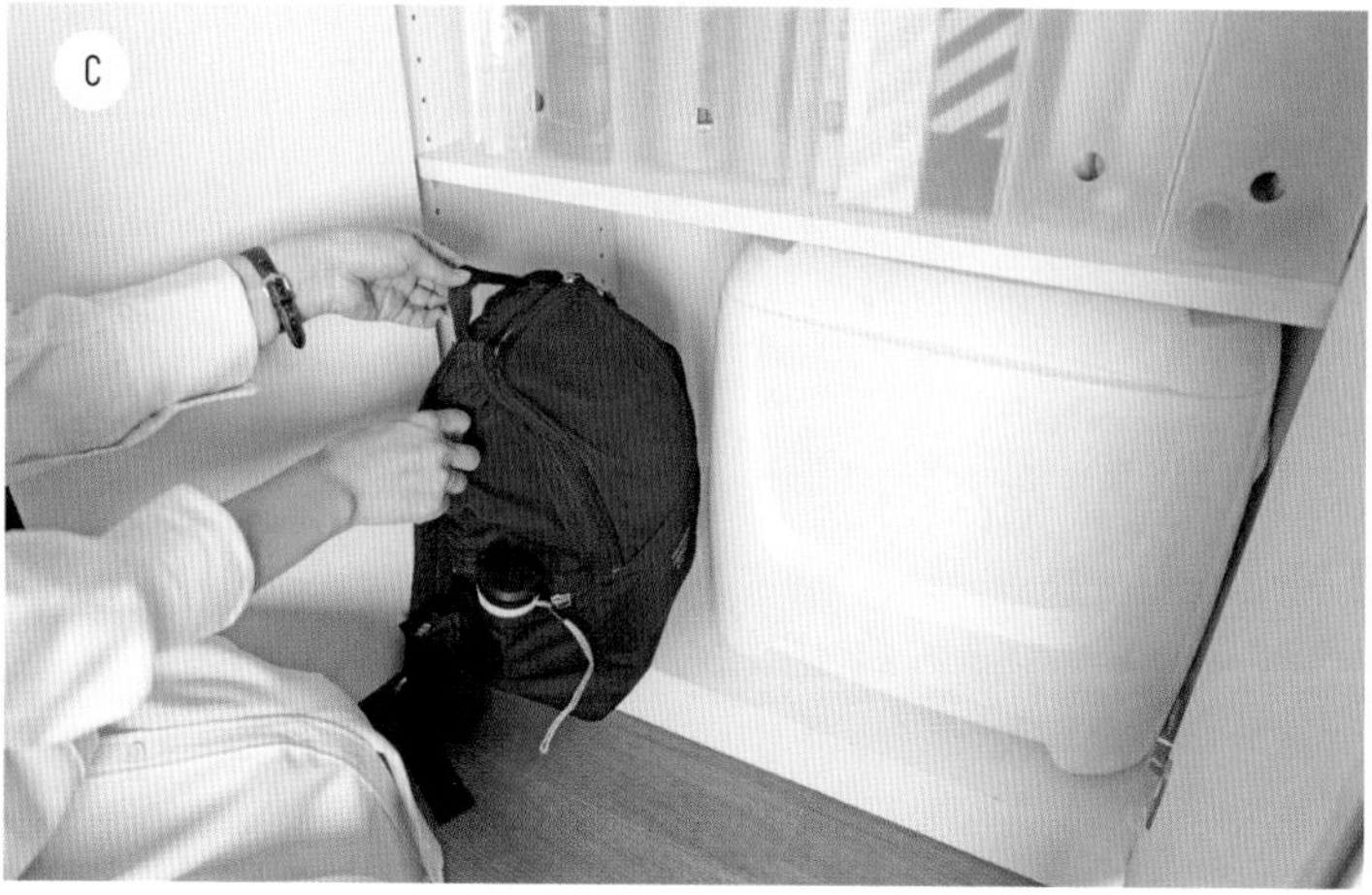


## IDEA 04 使う時は伸ばして、収納はコンパクト

クーラーボックスは廊下収納に収まるくらいコンパクトですが、使う時は
取っ手を伸ばして荷物をラクに運ぶことができます。重い水も運べます。

# 食材備蓄の収納とローリングストック

わが家では、災害用に作られた保存食をほとんど購入していません。今まで食べたことがない保存食を選ぶのが難しく、どれがいいのかわからなくて探すのが面倒になってしまったのです。

そのため考え方を変えて、食べ慣れていておいしいものの中から、比較的日持ちするものを見つけて備蓄することにしました。今まで気にとめていませんでしたが、食べ慣れているものの中にも思いのほか賞味期限が長いものがあったり、ローリングストックに向いているものがありました。

キッチンにパントリーがないので、わが家では廊下収納の一部がその役目をしています。ここでも〝防災専用の食材〟と分けずに、賞味期限の長さや種類でざっくりと分けています。

D

IDEA 01

### 缶詰のストック

缶詰は賞味期限も長く買い替えのサイクルが頻繁ではないので、クーラーボックスの中に収納しています。クーラーボックスを使うことが多い夏にはついでに中身をチェックできて、使わない期間はこうして収納スペースとして活用しています。

ポリエステル綿麻混・ソフトボックス・フタ式L／無印良品

IDEA 02

E

## ジュースや調味料のストック

野菜ジュースや調味料もローリングストック。キッチン収納ではなくここで一括管理しています。上からみると何があるかひと目でわかります。

E

IDEA 03

## 袋麺のストック

袋麺やレトルト食品は買い替えのサイクルが短いものが多いです。賞味期限が残り少ないことに気づいたらキッチンに移動し早めに消費するように工夫しています。細かく仕分けず、ざっくりと収納。

IDEA 04

## 凍結ボトルを保冷剤代わりに

夏は冷凍庫の中に凍結ボトルを常備しています。保冷材にもなり、溶けたらおいしく飲むことができます。

IDEA 05

## 冷凍うどんやカットした食材を常備する

もしもの時、冷蔵庫の中の食材から消費していけるのが理想。冷凍うどんやカット野菜を常備しておくようにしています。

ご飯に混ぜるだけのものを備えておく！

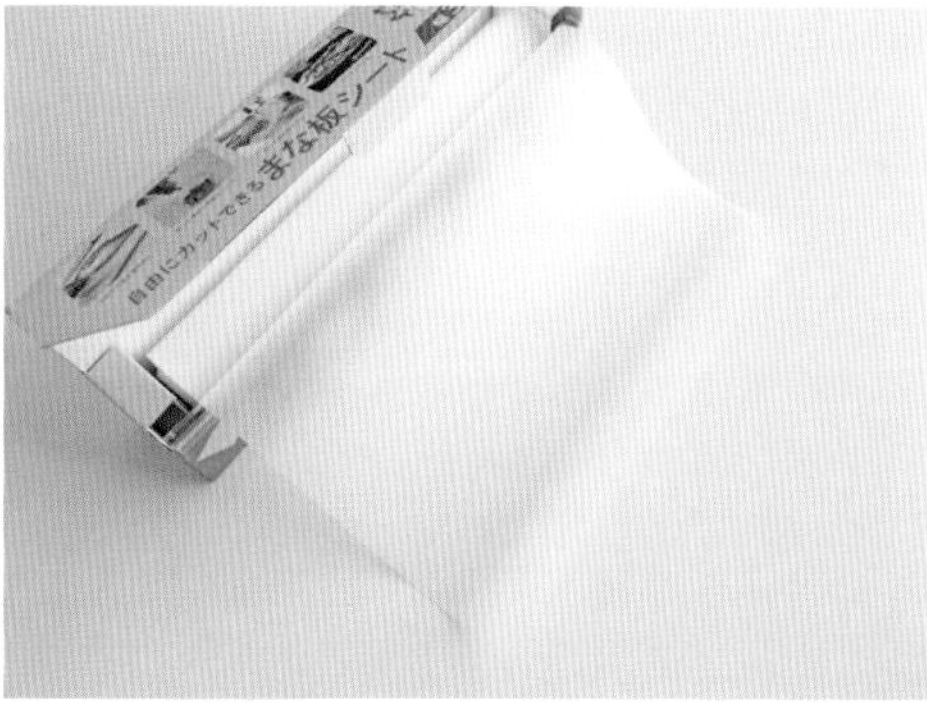


IDEA 06

## まな板シートを活用する

普段は魚やお肉を切る時に便利に使えるまな板シート。まな板を汚さず衛生的なので、災害時にも役に立ちます。

IDEA 08

## フライパンシート

これを敷いて焼くとフライパンが汚れません。使い終わったら捨てるだけなので、災害時にも役に立ちます。

IDEA 07

## 湯煎もできるポリ袋

袋の中で食材を混ぜてそのまま湯煎ができるポリ袋。普段は下ごしらえにも使えて、災害時はパッククッキングに使えます。

## お餅ときな粉

茹でる＋まぶす
だけでおいしくて
腹持ちがいい！

GOODS CATALOGUE

わが家で実践

# 食品備蓄のアイデア

普段から食べ慣れているものや、家族の好みに合わせて選んでいます。
防災食でなくても賞味期限が比較的長い食品もあります。
冷蔵庫の中の食材と組み合わせて食べられるものもおすすめです。
停電時にも、野菜や卵などと合わせておいしく食べられるようにと考えています。
半年、1年、2年と、保存できる期間でわけてご紹介します。

## 賞味期限が半年以上

### カップ入りスープ

お湯を注ぐだけで、手軽に不足しがちな野菜を摂ることができる。

### 味噌汁

お湯を注ぐだけで食べられる味噌汁があると安心。

### 袋麺

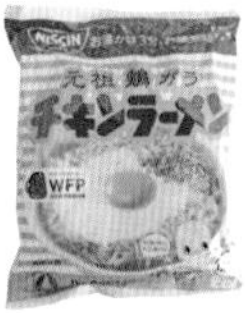


卵や野菜を加えたり、そのまま食べることもできる。

### きな粉

湯がいたお餅とセットで。栄養があって子どもも大好き。

### 野菜ジュース

賞味期限は製造日から8ヶ月。缶のタイプなら12ヶ月

### スティックゼリー

食べ慣れているおやつ。食欲がない時でも食べやすい。

## 消費期限が1年以上

### コーンフレーク

すぐに食べることができて子どもが食べ慣れているもの。

### 餅

個包装になっていて安心。賞味期限は製造日から15ヶ月もある。

### バランス栄養食

体に必要な5大栄養素を手軽に補給できる。

### パウチスープ

具が入っていてお腹が満たされるもの。温めるだけで飲める。

### 粉末スープ

飲み慣れた味。手軽に体が温まるスープ。

### 飴

乾燥対策にものど飴があると安心。ビタミンが摂れるものを。

### トマトソース

味付きだと調理が手軽。味付けなしのトマト缶なら賞味期限は約37ヶ月だそう。

### パスタソース

茹でたパスタにあえるだけ。冷蔵庫の野菜と合わせて食べられる。

### ちらし寿司の素

温かいご飯に混ぜるだけで手軽に作れて、野菜も少し摂れる。

## 賞味期限が2年以上

### レトルトカレー

子どもが好きなカレー。辛いものは避けておくのがおすすめ。

### パスタ

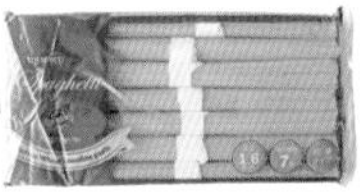

普段からよく食べるので多めにストック。災害用には茹で時間が短いものもおすすめ。

### ホットケーキの粉

冷蔵庫の中の卵や牛乳を消費できる。賞味期限は製造日から24ヶ月あるものも。

### おやつ用の缶詰

甘い缶詰やくだものの缶詰もおやつに備えておくと安心。

### パウチスープ

冷蔵庫の中の卵と合わせて調理できるスープ。

### ツナ缶

冷蔵庫のマヨネーズと混ぜておにぎりにしたら子どもが好きな味に。

### サバ缶

子どもが好きな味の魚の缶。そのままでも食べられる。

### 焼き鳥缶

いろいろ食べ比べて家族に評判の良かった缶詰を数種類ストック。

## 賞味期限5年以上

### 飴

5年保存のドロップス。防災リュックの中に入れているもの。

### クッキー

家族みんなが好きな味。チーズやハムをのせたら軽食にもなる。

### かんぱん

学校で食べて美味しかったらしく、子どもからのリクエスト。

### 長期保存食

加熱なし、水だけで調理が可能なもの。「イザメシ」シリーズは種類豊富でおすすめ。

### 氷砂糖

賞味期限が長いので気軽に備えられる。甘くておいしい。

Check ⌄

### ローリングストックとは

普段食べている食材を多めに買っておき、食べた分だけ補充していく方法のこと。日々の暮らしの中で、少しずつ食べながら、もしもの時に備えることができます。

収納スペースの限られた住宅状況に合った食材の備え方です。わが家の食品の備蓄も、特別な長期保存食ではなく、食べ慣れたものや自分がおいしいと思えるものを選んで備えています。値段も長期保存用のものより手頃ですよね。

BATHROOM

# 防災ではずせないトイレ事情の話

もしもトイレが使えない状況になったら？　なんて考えたくない話ですよね。だからこそ、安心を備えるつもりで準備しておきたいもの。わが家では袋と高速吸収凝固シートが一体化した便利な非常用トイレを20枚と、凝固剤をふりかけるタイプを30セット準備しています。**他の防災アイテムと一緒にせず、トイレで使うものはトイレに備蓄。**災害用トイレを使用することになれば、消臭効果のあるスプレーや重曹などもきっと役に立つはずなので、普段の生活で使い慣れておくことができたら安心です。

IDEA 01

## 一体型が便利な サニタクリーン

非常用トイレはどれを選んだらいいの？　と迷っている方にはおすすめのアイテムです。大きな袋なので便器にセットして使用でき、そのまま袋を結んで捨てるだけでいいので処理がラクです。

災害用携帯簡易トイレ／サニタクリーン

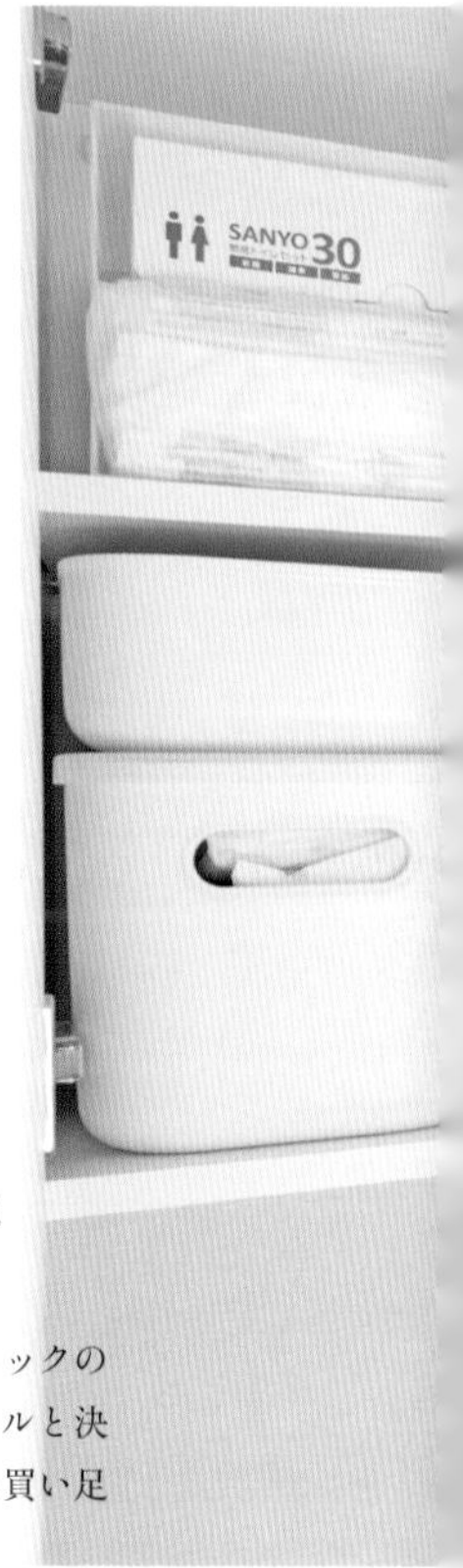


IDEA 02

## トイレットペーパーは 24ロール分を収納

トイレットペーパーのストックの目安は1.5倍巻きを24ロールと決めています。減ってきたら買い足してトイレに備蓄。

IDEA 03

## フタ付きのボックスが ゴミ箱にできる

もしもの時フタ付きの箱があればベランダでゴミ箱として使えます。匂いを閉じ込められるものがあると安心。

ふだんは水遊びグッズを入れています。

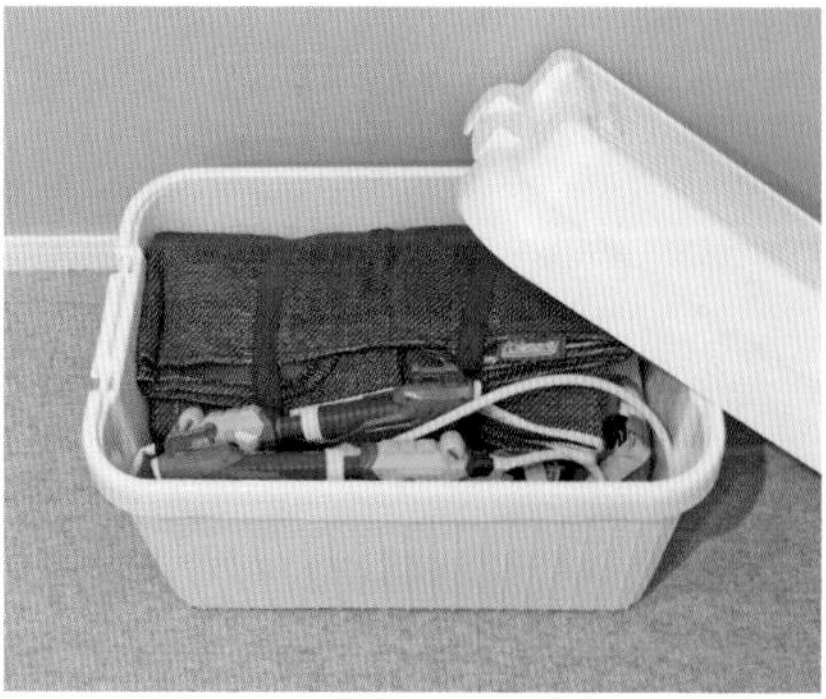

蓋付きコンテナ／ベリアスポート

# 母子手帳や書類の管理

IDEA 01

## 長期保管する書類

長期間保管しておきたい家の書類や家電の保証書などは、定位置を作ってファイルボックスに収納。使用頻度が低いので一番上の段に。

郵便物や子どものプリントなど、ついついたまりがちな書類、どうしていますか？私は、いざという時に必要な書類がすぐ見つかるように、普段から不要な書類はためずに処分するくせをつけています。

本当に残しておく必要があるものはほんのわずかだったりします。大切な書類がいらない紙に埋もれてしまわないようにしておきたいですね。

緊急で持ち出したい書類は防災リュックの近くに収納したり、長期で保管するものは高い場所に収納するなど、置き場所を変えています。

IDEA 02

### 病院セットは家族分まとめておく

家族みんなの診察券やお薬手帳は同じ引き出しに収納。母子手帳・医療証・保険証のセットは人別にメッシュポーチにまとめています。

IDEA 03

### 学校関係の保管書類はファイルに

子どもの学校の保管書類はファイルにまとめてすぐ見返せるダイニングに収納。背表紙をマステで色分けして誰のかすぐわかる工夫をしています。

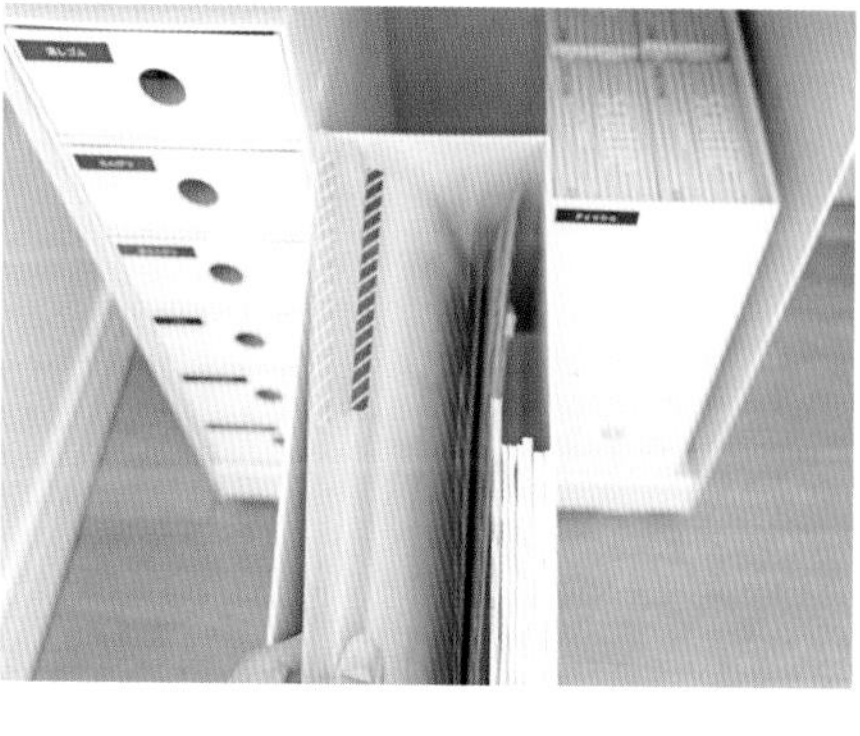

# 一緒に使うものはまとめて収納がわかりやすい

ダイニングに置いているスチールキャビネットに、よく使う工具や乾電池を収納しています。最近のおもちゃは電池交換の時にドライバーが必要なものがほとんどになりましたね。他にも接着剤など、同じタイミングで使うものはグループにして一緒の場所に収納しておくと、使う時も片付ける時もラクです。

停電対策として乾電池式の製品を選ぶことが増えたので、ストックは少し多めに持つようになりました。乾電池式のものはコードレスで使えるため、暮らしの中にあるととても便利。

観葉植物を吊るしたり、ポスターを掛けるのに使っているネジや虫ピンも、ドライバーとセットにしてこの場所に収納しています。家族みんながひと目ですべてのアイテムと量を把握できる引き出しです。

キャスター付きで使いたい場所まで移動も簡単に。

コンパクトスチールキャビネット／無印良品

乾電池は種類別に収納。標準のドライバーだけでなく精密ドライバーもよく使います。他には接着剤や六角レンチ、壁を飾る時に使うネジなども同じ場所に収納。ひと目で全てのアイテムと量を把握できる収納に。

おもちゃの電池交換の時など、電池とドライバーは同時に必要になるので、同じ引き出しに収納しておくと出し入れの手間が最小限になります。

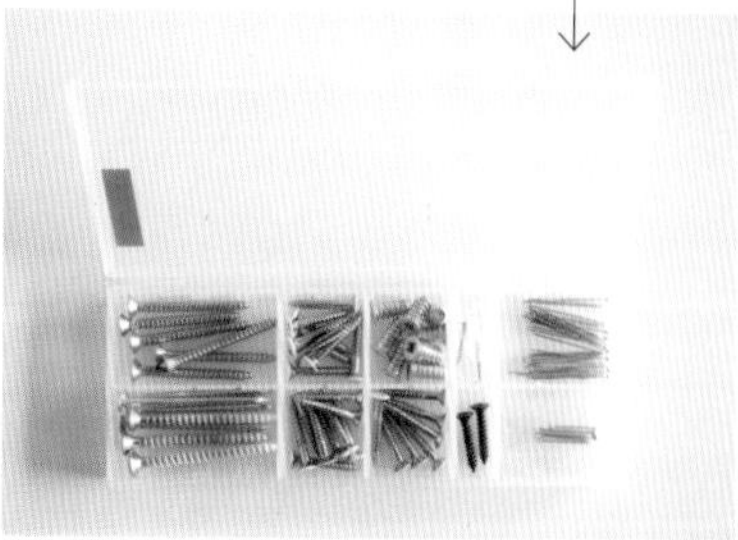

ネジや虫ピンはサイズごとに分類。使っているのは無印良品のポリプロピレンピルケースです。

# 人の助けにつながる防災

大阪府北部地震が起こった時間はちょうど小学生の登校時間でした。6年生の班長さんたちが、「壁から離れてしゃがんで！」と低学年の子たちに指示をしてくれたことをあとから知り、防災教育がしっかり生かされていることに驚きました。

相手が子どもだからと思わずに、リスクについてもちゃんと教えておくことは、いざという時その子自身の助けになるんだなと思いました。知っていれば、あの日の6年生のように他の誰かを守れるかもしれません。

そして私も、子育てで手いっぱいだった時期が過ぎ、今は少し余力があります。小さな子どもたちを両手に抱っこして一人で奮闘しているお母さんがいたら、ドアを開けてあげられるくらいの小さなことはできるようになってきました。

わが家のように少し余力ができた家族が積極的に備えることは、地域全体の力につながり、もしもの時、赤ちゃんがいる家や身体が不自由な人のところへ市町村の助けが届きやすくなるはずです。そしてまわりまわって、離れて暮らす両親を助けてもらえる力にもつながってくるんじゃないかな、と思うのです。

最近は自分の親も歳をとったなぁと感じることが多くなりました。困ったことがあればいつでも行くよ！　という気持ちではいますが、新型コロナウイルスの影響で会いに行けない状況になって初めて、頼れるのは地域の力なんだと実感しています。自分を守れる力は誰かの助けにつながる。あなたの大切な人のためにも、少しずつ備えをはじめてみてほしいと思います。

Chapter

4

A BOOK OF TIPS & HINTS
70
TO PROTECT YOUR FAMILY

# 清潔をキープして暮らすための片付けと掃除

# もしもの時にもつまずかない床をすっきり保つ工夫

わが家にある家具は背の低いものが中心で、脚付きのものが多いです。リビングもこじんまりした空間なので、できるだけ圧迫感がない家具選びをしたのですが、脚付きの家具は床掃除がとてもしやすいというメリットもありました。

家具と床の間にしっかり空間があるため、小さなおもちゃが隙間に入ってしまったりすることもありません。毎日の掃除機も、拭き掃除もとてもスムーズ。その状態を手軽に保てるように、できるだけ床にはものを置かないように工夫をしています。

**床にものがある状態に慣れてしまうと、緊急時には焦ってつまずいたり、怪我の原因にもなりかねませんよね。**災害の時に限らず、子どもが高熱を出したり、急に嘔吐してしまったりして慌てた時も、床がすっきりしているとより安全です。

床に置くものを減らすために

家具も脚のあるものを選ぶと掃除がラクですし、床が見えることで部屋がちょっと広く見えます。

は、散らかったものを定位置に戻す必要があります。わが家には小学生の男子が二人いるのですが、子どもが学校から帰宅したとたんあっという間に部屋がものだらけになるのです。

いつもすっきりは難しいですが、食事の前や寝る前には、床にものが散らばっていない状態にリセットするルールにしています。毎日の片付けが面倒にならないように、短時間である程度片付けられる仕組みを考えて、散らかりやすいものほど近くにワンアクションで収納できるようにするのがおすすめです。

IDEA 01

### 学校から帰ったら置くだけの収納

ここに置くだけで片付けたことになるランドセル収納。上着や水筒カバーはボックスに放り込むだけでよしとしています。とにかく簡単に。

IDEA 02

### リビングの近くに毎日着る衣類を収納

リビング隣の和室の押し入れには毎日着る子どもの衣類を収納。洗濯した服を和室で畳んで、そのまましまえば、リビングが散らかりません。

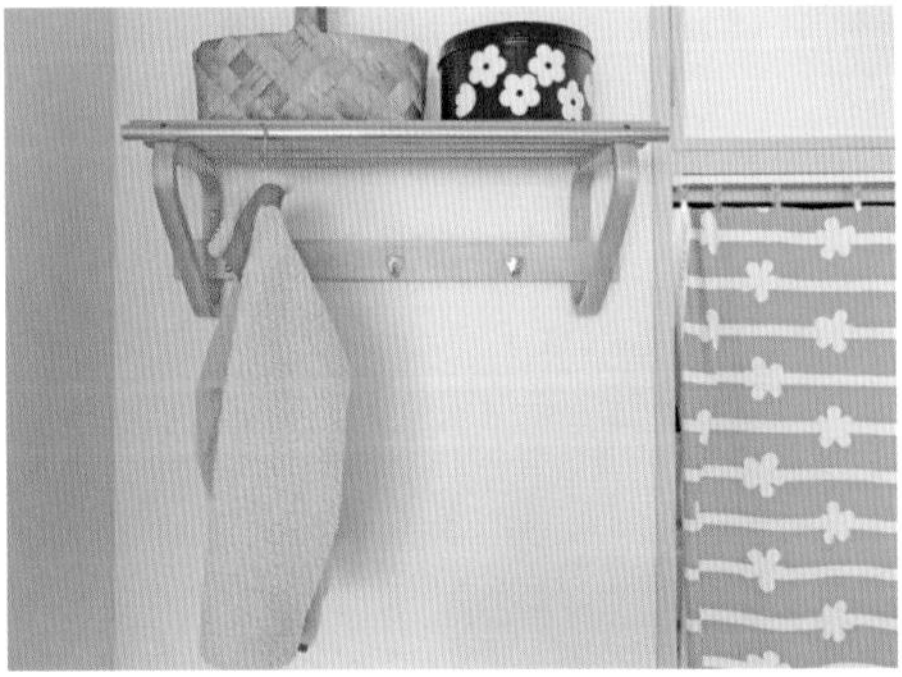

IDEA 03

### 引っ掛けられる場所を活用する

和室に壁付けのコートラックを設置。ハンガー類がいつでも掛けられるようにしています。上着やバッグを床に置かず、さっと掛けておける場所が近くにあると便利です。

IDEA 04

## デスクの上はワンアクションで片付く仕組み

子どもの学習デスクは細かく仕分けた引き出し収納ではなく、引っ掛けたり置くだけのワンアクションで片付けられるものを多くしています。毎日のことなので手早く片付けられるように。

IDEA 05

## ゲームの後は電源タップをオフにするだけ

ゲームをするたびコンセントの抜き差しをしなくていいように、電源タップを活用。テレビボードの中に配線を収めているので、埃対策になり見た目もすっきり。

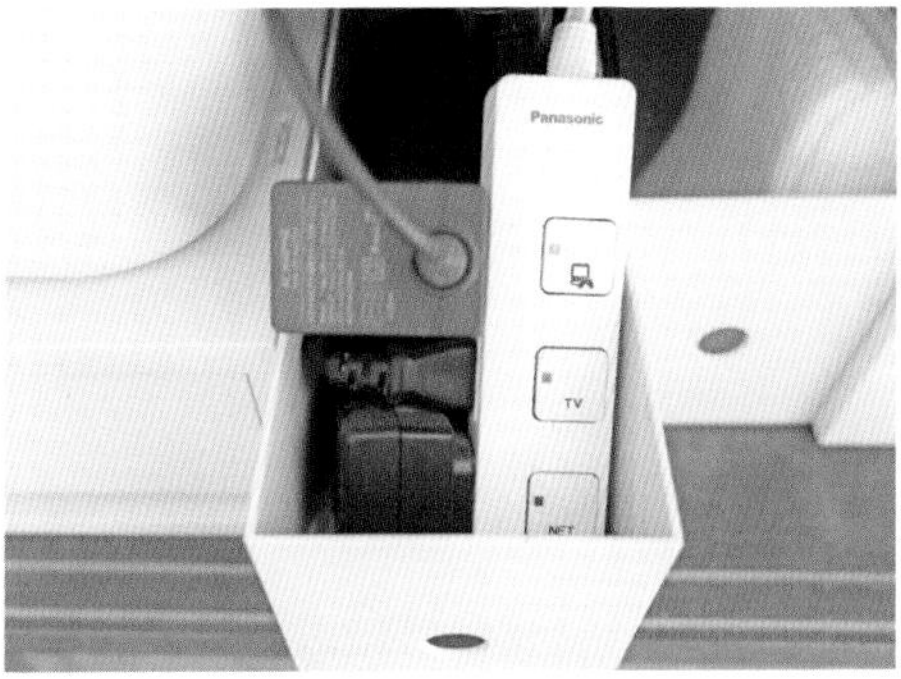


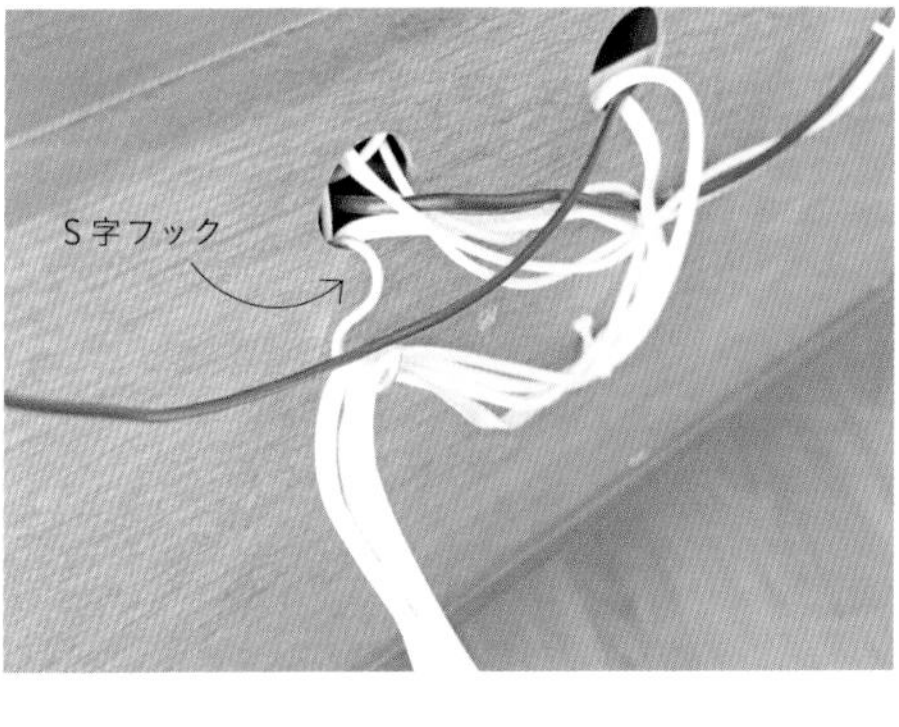


IDEA 06

## 配線類はまとめて浮かせる

ごちゃごちゃする配線周りは埃もたまりやすい場所。結束バンドでまとめてS字フックに引っ掛けて浮かせておけば、掃除機の邪魔にならずにお掃除もしやすくなります。

# キッチンカウンターには ものを置きっぱなしにしない

ついものを置きたくなる、便利な高さにあるのがキッチンカウンター。ですが、できるだけものを置かないことを意識しています。

キッチンカウンターは調理をしたり、お料理を置いたりする場所なのでできるだけ清潔にしておきたい場所。ものがない状態だと、いつでも手軽に拭けて清潔な状態にしておけます。

また、大事な書類を置いているとシンクから水が跳ねて濡れてしまったり、汚れたり破れたりする原因にもなります。「カウンターにはものを置かない」というのは家族みんなで意識しながら続けていきたいことの一つです。

さらにキッチンカウンターがすっきりしていると、毎日のご飯作りに取りかかる時にスタートダッシュがいい感じに。数時間先の自分のために、ぜひ続けていきたい習慣です。

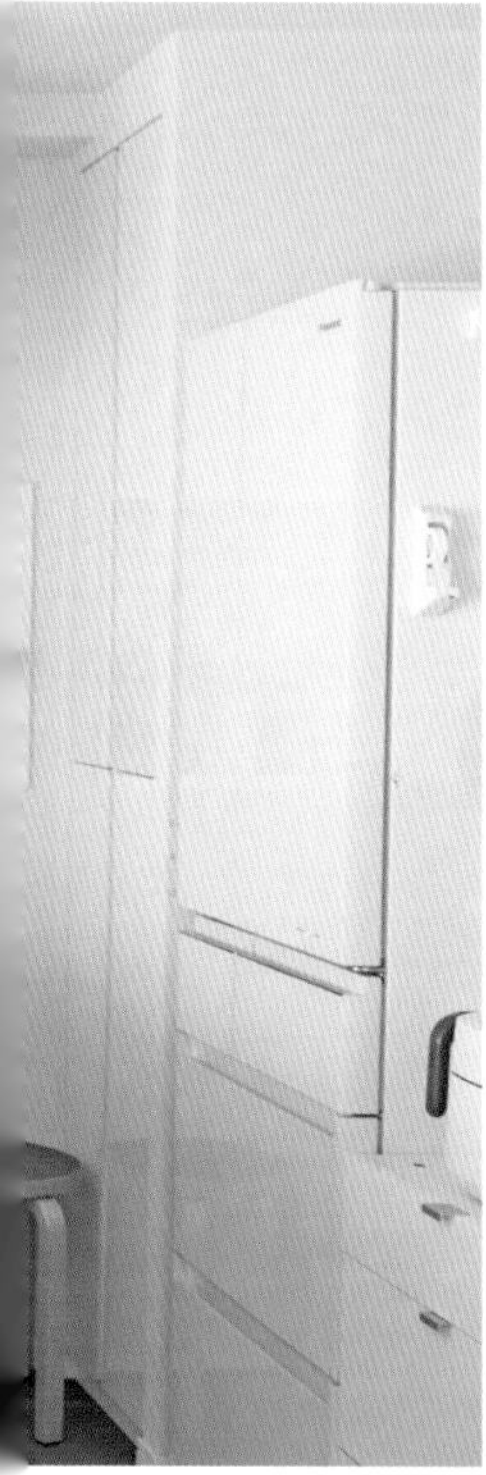

キッチンカウンターにものがないと、地震で安全なのはもちろん、普段の暮らしもラクになります。

食器を洗ったら、早めに片付けることを習慣にしています。

# ウイルス対策が自然にできる気軽に続く掃除法

新型コロナウイルスの件から衛生管理に特に気を使うようになった方も多いかもしれませんね。わが家では、食事の前にダイニングテーブルをアルコールで拭いてからお箸を並べたりおかずを運んだりしています。子どもたちもよくお手伝いしてくれる簡単な作業なので、除菌と食事の準備をセットでお願いしています。

食後は、テーブルが汚れていることが多いので、アルカリ電解水スプレーを使っています。油汚れを浮かしてくれるので、強くこすらなくてもラクにきれいになるのです。

布巾の除菌には酸素系漂白剤を使い、つけおきするだけの簡単除菌をルーティン化。忙しい毎日の中で自分が続けていきやすいことを見つけながら、衛生管理も無理なく続けていきたいと思います。

IDEA 01

**オートディスペンサー（アルコール）を導入**

調理の前や食事の前には手指を除菌する習慣に。自動で噴霧されるので非接触で衛生的。

MSOVA アルコール消毒噴霧器

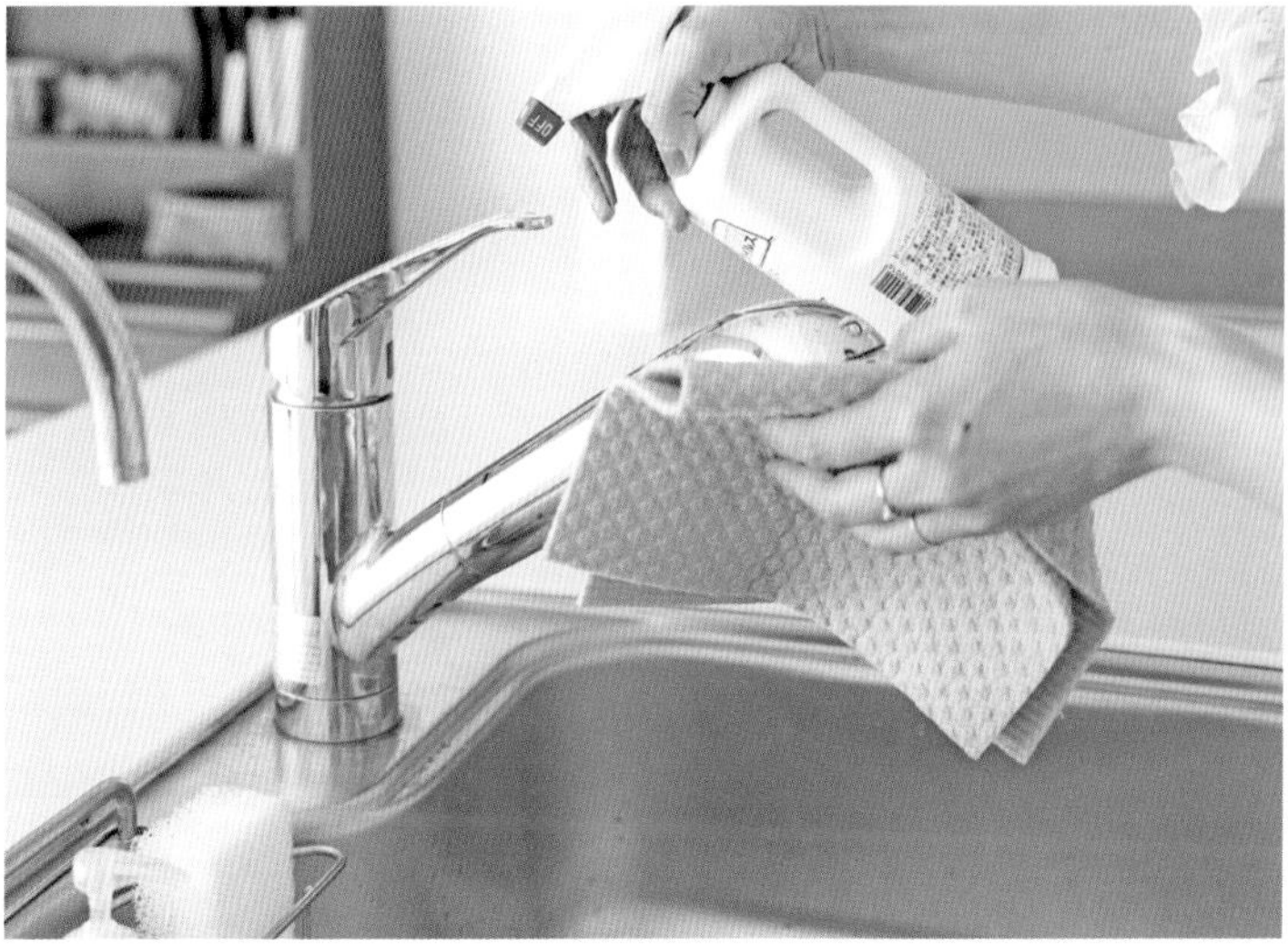

IDEA 02

## 水栓部分も
## アルコール除菌

水垢汚れが気になる水栓バーは、アルコールスプレーでピカピカになります。同時に除菌もできるので一石二鳥。アルコールはあっという間に揮発するので拭き跡も残らず、手軽にできるお掃除法です。

（左）ドーバー　パストリーゼ77、（右）無印良品　アルカリ電解水クリーナー

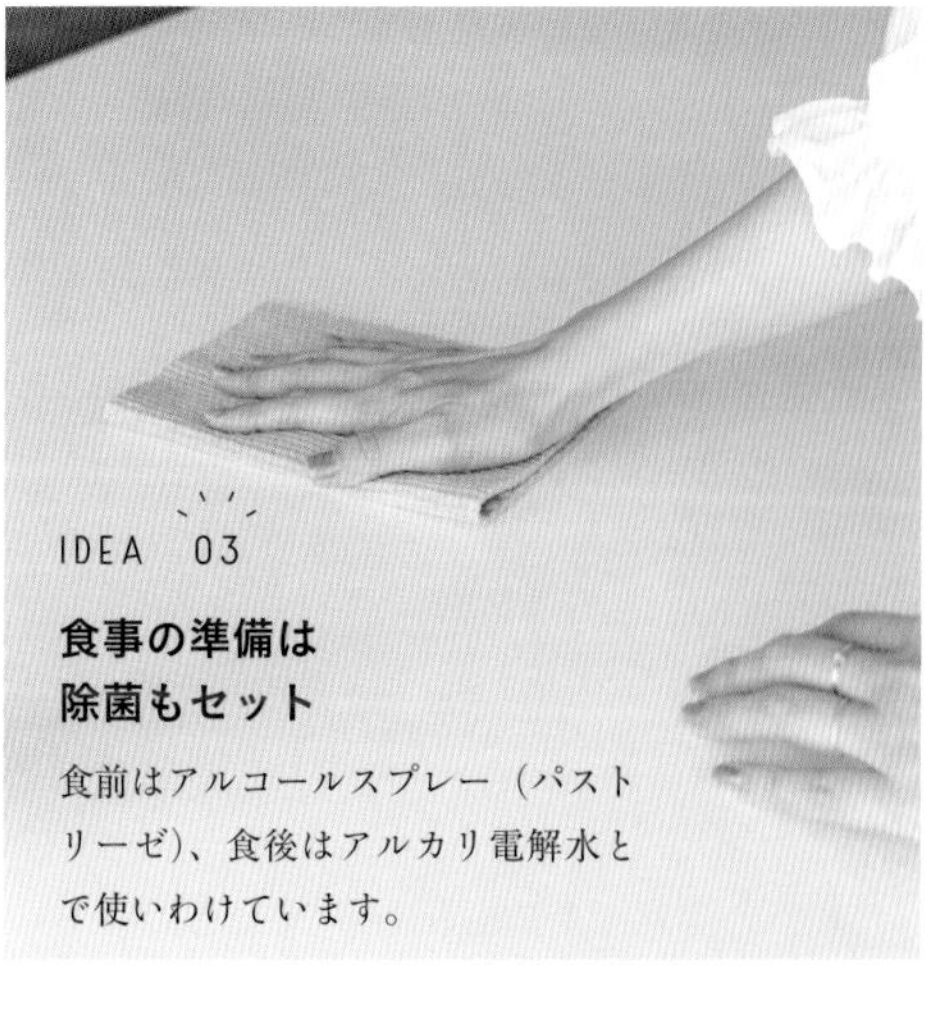

IDEA 03

## 食事の準備は
## 除菌もセット

食前はアルコールスプレー（パストリーゼ）、食後はアルカリ電解水とで使いわけています。

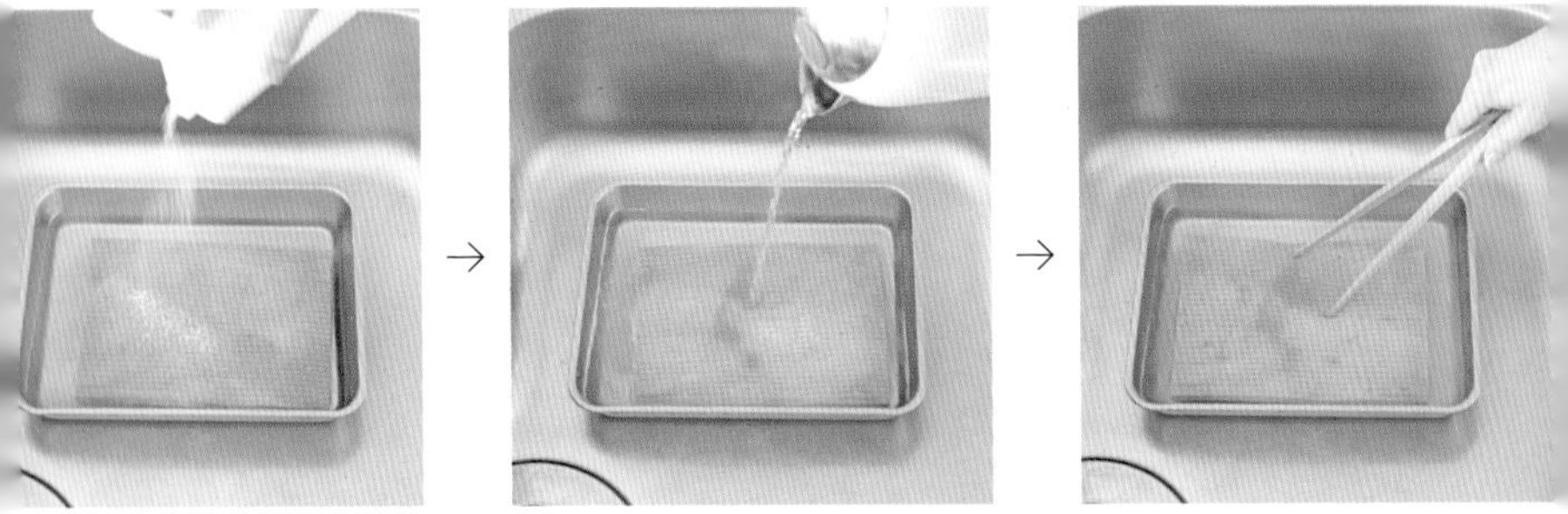

IDEA 04

## 酸素系漂白剤で布巾を簡単除菌

毎日食卓を拭く布巾は清潔にしておきたい。わが家では浅めのバットに水を張り、布巾と酸素系漂白剤を入れて、電気ポットで沸かしたお湯を少し足したら、あとはしばらくほったらかし。これだけで無臭で清潔な布巾を保つことができます。

IDEA 05

## 布巾は吊るして乾燥

台拭きを洗ったあとは畳んだままにせず、吊るして乾燥させるようにすると衛生的。この時アルコールスプレーをさっと噴きかけておくだけで除菌効果も。速乾性のある台拭きを選ぶことも衛生管理をラクにするポイントです。

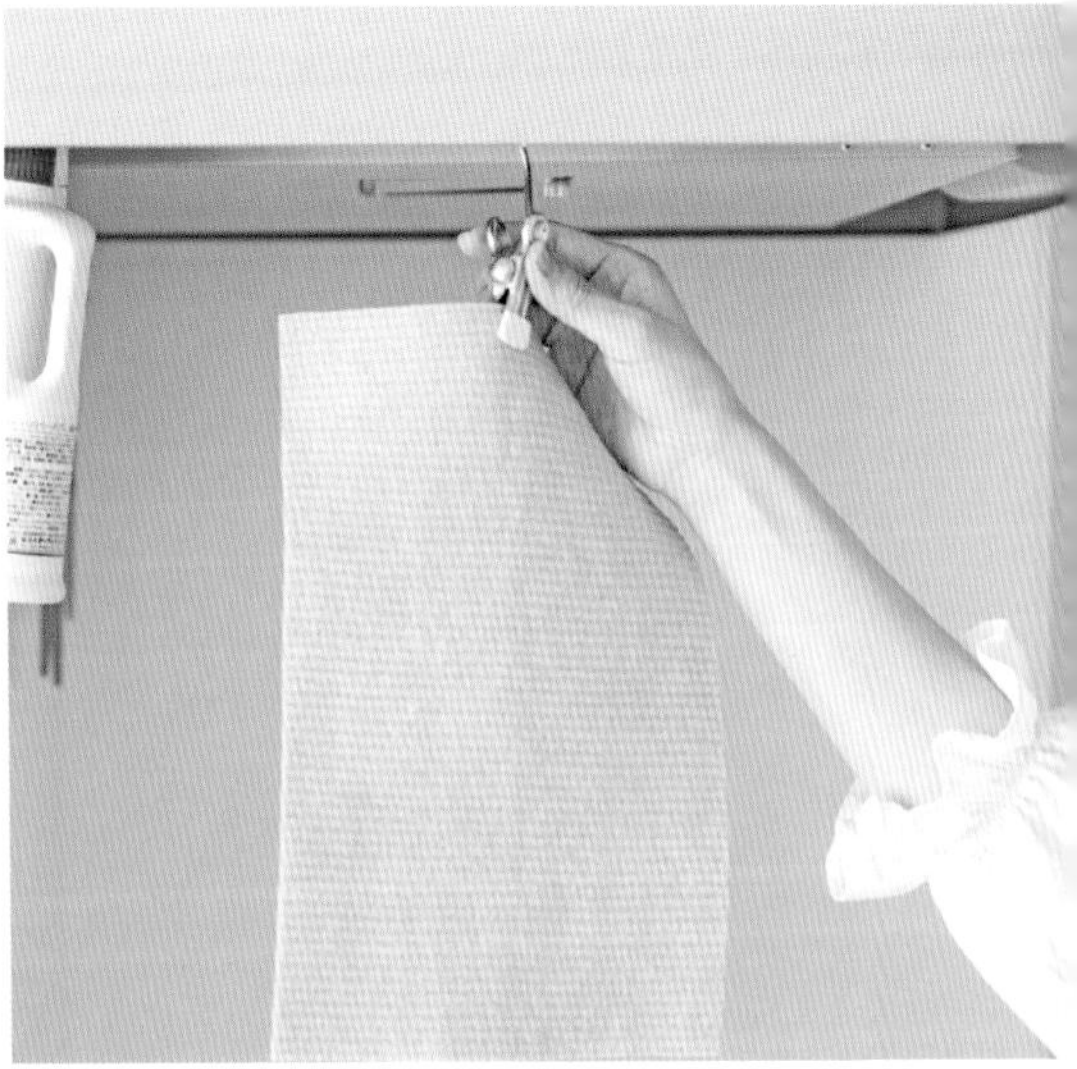

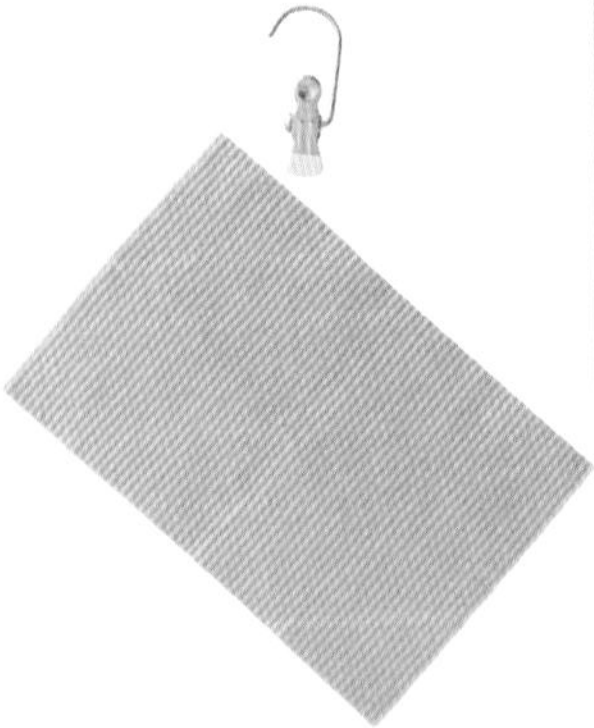

モノクリップ／ MAWAハンガー、
ドイツのフキン／ BLITZ

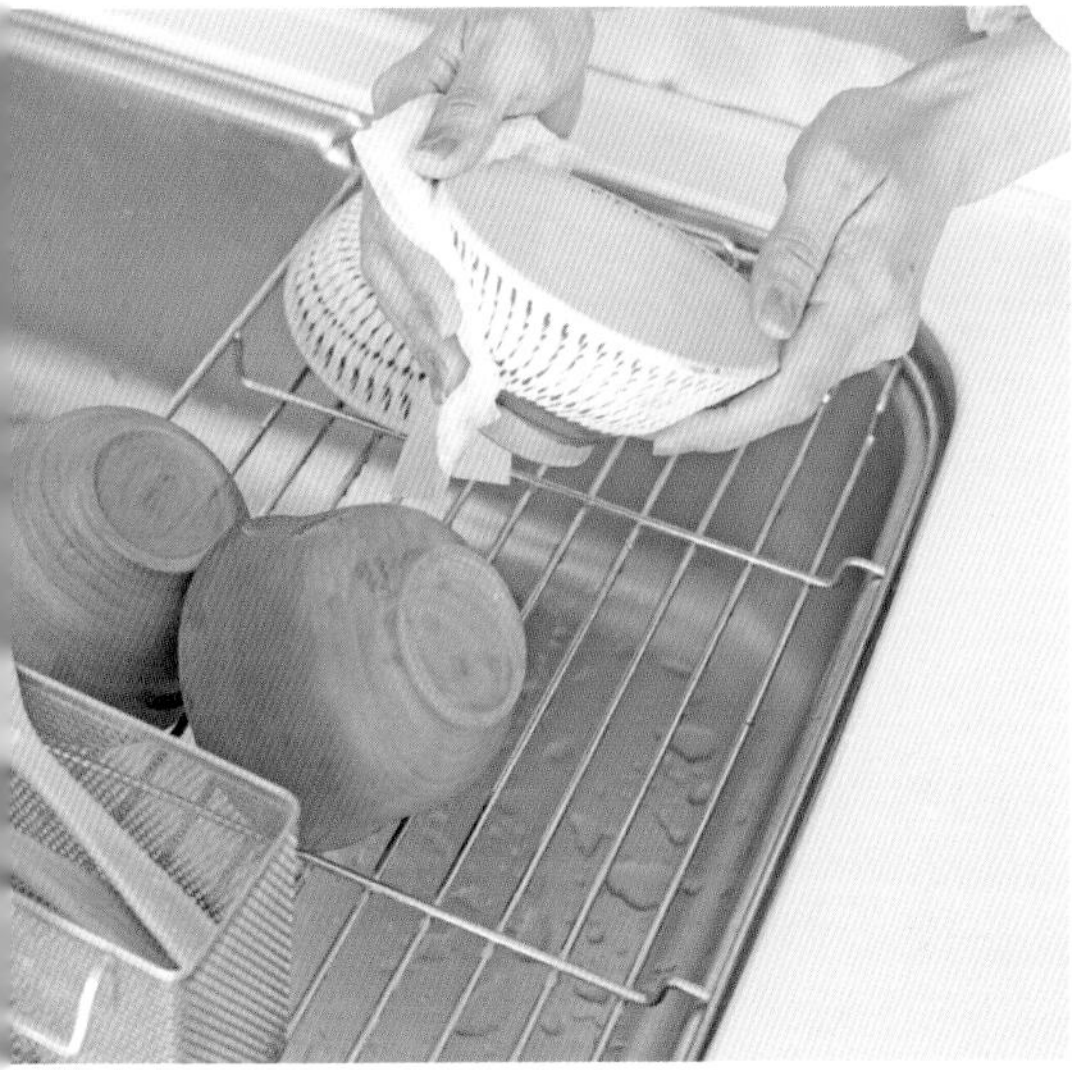

IDEA 06

## 食器を拭くのはキッチンペーパー

わが家では食器拭き用の布巾は持たず、キッチンペーパーを使っています。食洗機も使っているので、手洗いの食器はそう多くはありません。ある程度水が切れたら残った水滴を軽く拭いて食器棚に片付けています。

IDEA 07

## 掃除アイテムはシンク下に収納

布巾の除菌に使う酸素系漂白剤はシンク下の引き出しに収納しています。他にも重曹やクエン酸などのお掃除アイテムをまとめています。片手でさっと振りかけて使えるよう、百円ショップのドレッシングボトルを活用しています。

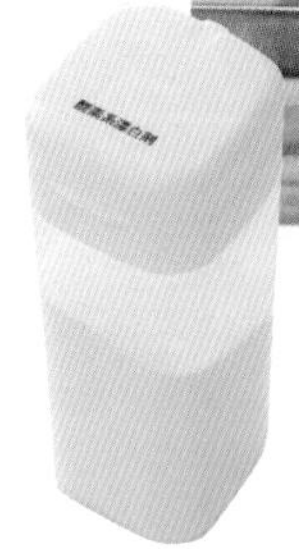

酸素系漂白剤は百円ショップのドレッシングボトルに入れています。

# 洗面台を清潔に保つための工夫

手洗いや除菌、マスクを徹底する生活が続き、今まで以上に衛生面に気を使うようになりました。

そのため、家族の帰宅後の流れに合わせて洗面所の仕組みを少しずつ見直し、マスクを外してすぐ置ける場所を作りました。使用後のマスク専用の洗濯ネットの定位置も決め、洗濯までの流れをルーティン化したことで、考えなくてもスムーズにできるようになりました。

また、手軽にキレイを保つために、洗面台や床から浮かせる収納にしているものなど、わが家の工夫をご紹介していきます。

IDEA 01

## 子どもでも簡単にできる仕組み

ついおざなりになってしまいがちな子どもたちの手洗いやマスクの管理ですが、すべてワンアクションでできるようにして、子ども自身がスムーズにできる仕組みにしています。まず外から帰ったらマスクを外して専用のボックスへ。泡ハンドソープで手を洗い、ハンドタオルで拭いてそのまま洗濯カゴに入れる流れです。アルコールディスペンサーでさっと除菌もできるようにしました。

01

**使用後のマスクを入れる**
子どもの目線で目に入りやすい場所に。
入れ物は丸洗いできます。

02

**泡のソープで手洗い**
オートディスペンサーにしたら
より簡単になりました。

03

**ハンドタオルで拭く**
棚からワンアクションで手に取れる
収納にしています。

04

**アルコール除菌**
手洗いのついでに
さっとできる場所に設置しました。

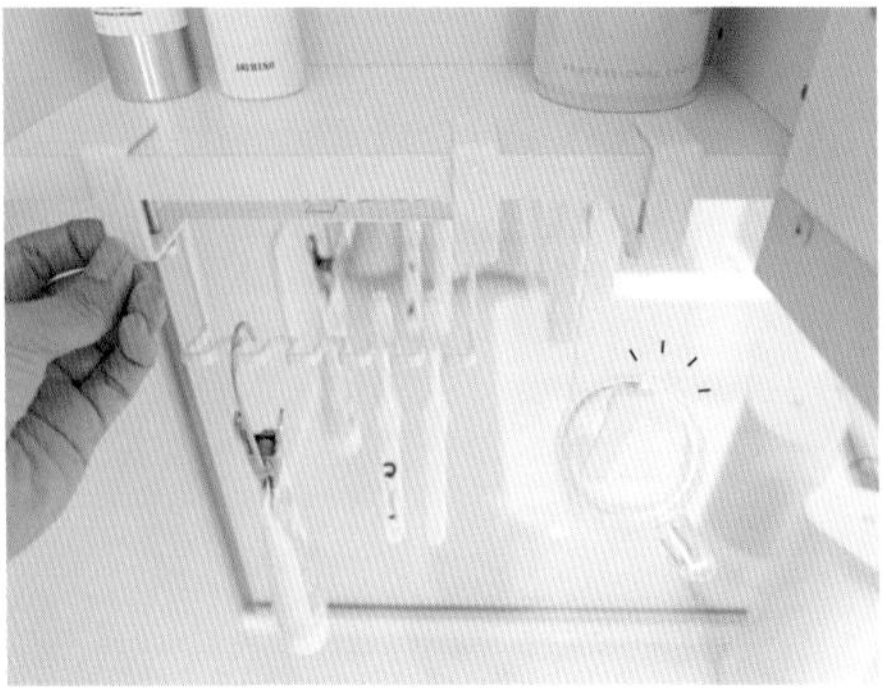

歯ブラシホルダー／tower　タンブラーホルダー／tower
アクリル手付きコップ／無印良品

IDEA 02

## 歯ブラシやコップは浮かせて収納する

歯ブラシやコップは浮かせて収納。濡れたコップも逆さにして乾かしながら置いて清潔に。透明のコップは汚れが見えやすくて衛生管理がしやすいため、あえて選んだもの。

IDEA 03

## 掃除グッズはすぐ手に取れる場所に

洗面台の鏡裏収納の一番出し入れしやすい扉の中には、ティッシュや小さくカットしたメラミンスポンジ。汚れが気になった時にさっと手に取れる掃除グッズがあると家族も掃除に取りかかりやすくなります。

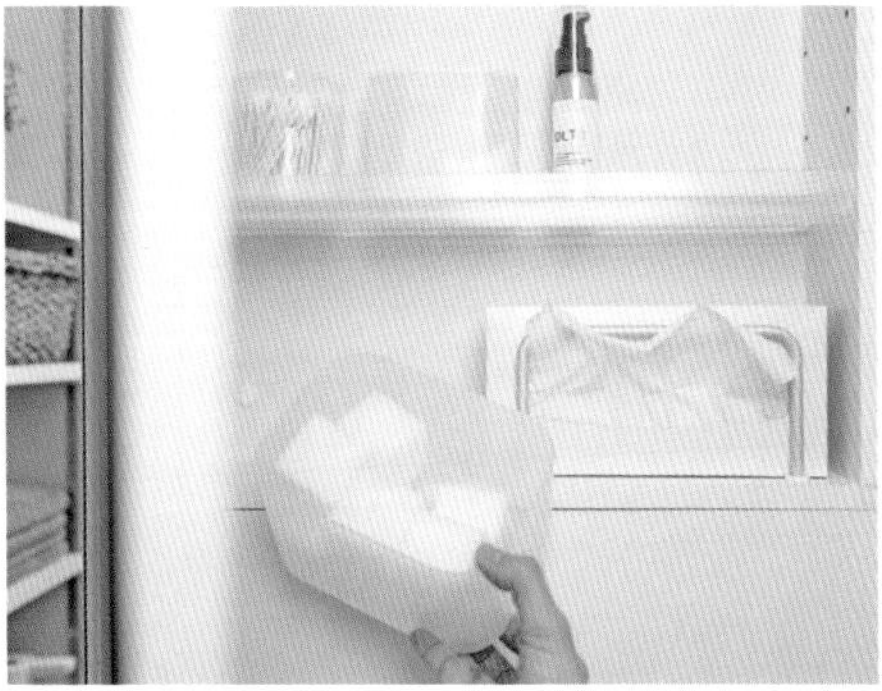

IDEA 04

## 鏡や水栓はアルコールでピカピカ＆除菌も

鏡や水栓は乾いたタオルとアルコールスプレーで拭くとあっという間にピカピカになり、除菌効果も。

IDEA 05

## 洗濯機横に必要なものをスタンバイ

洗濯乾燥後、フィルターや排水口の掃除で使いたいティッシュはすぐ近くにスタンバイ。マグネットで洗濯機につけています。マスク洗い専用の洗濯ネットもサイドに引っ掛けて。

IDEA 06

## ゴミ箱を浮かせると掃除機が快適に

洗面スペースのゴミ箱は壁付けにして床から浮かせています。できるだけ床にものを直置きしないことで、掃除機をかける時や拭き掃除が快適に。

壁掛けダストボックス／ISETO

IDEA 07

## 洗濯ネットなどはざっくりカゴに収納

オープン収納にはカゴを使ってざっくり収納すれば見た目も使い勝手もよし。カゴは味気ない洗面所を少しあたたかい雰囲気にもしてくれます。

▷P.108

子どもの防災サコッシュは玄関が定位置。さっと持ち出せるようにしています。

# 玄関をすっきり保つための工夫

わが家の玄関は狭くて光も入らず、それに加えてあっという間に砂だらけになる場所です。そのため、いつでもさっと掃けるように、掃除道具も玄関に収納しています。また、靴は全て靴箱に収めるために、オフシーズンの靴は部屋のクローゼットに収納したり、サイズアウトしたものは早めに手放したりして適正量をキープしています。**出入り口に不要なものを置かずすっきり保つことも、防災対策になります。**もしもの時に家の中でけがすることがないように、出入り口を見直してみてくださいね。

IDEA 01

## 外遊びグッズの定位置を作る

ボールやなわとびなどの外遊びグッズは、大きめのボックスにひとまとめに。子どもの身長でも見つけやすく片付けやすい、一番下の段が定位置になっています。ボックス収納は適正量をキープしやすい。

IDEA 02

## マスクやティッシュは玄関に

大人の不織布マスクはさっと引き出せるケースに入れて玄関に置いています。奥にはストックと個包装のマスクを。ポケットティッシュやアルコール除菌スプレーも玄関に常備しています。

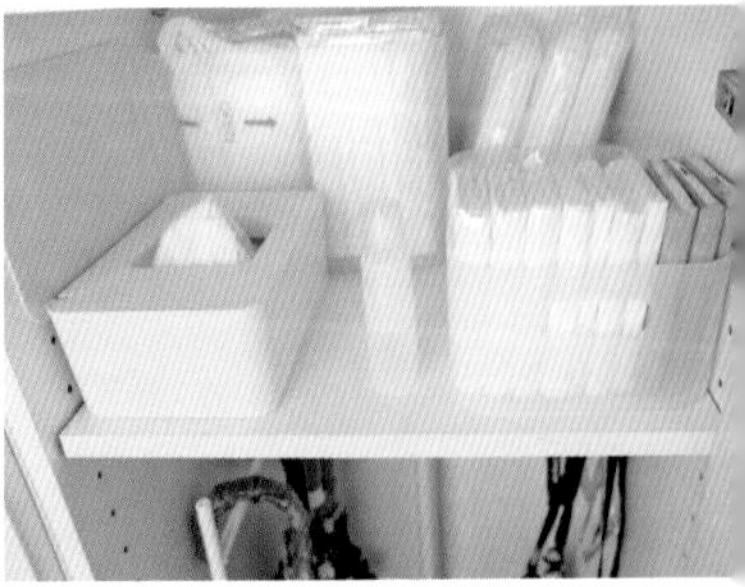

# 愛着のわく防災グッズと、知恵や工夫の揃え方

収納を考える時や旅行の準備をする時に、よく利用するお気に入りのお店はありますか？　私は無印良品に見に行くことが多いです。普段から行き慣れていて、使い慣れたアイテムも多いため、ついつい同じお店に足を運んでしまいます。

防災アイテムを考える時も、よく使うお店の中から探してみるのもいいと思います。災害用に作られた防災グッズでなくても、もしもの時に役立つものがきっと見つかるはずです。

百円ショップにも今は防災に使える便利なものがたくさん揃っていますよね。実際に購入しなくても、「いざという時こんなものが使えるのか！」という、知恵や工夫の発見があるかもしれません。一つのものをいく通りにも使えるような知恵は、災害などで不便な生活になった時にはきっと役立ちます。

“防災”と言うと、特別なものがたくさん必要な気がしますが、防災も暮らしの延長。普段から自分が好きなお店で、これは使えそうだなというアイテムを揃えていく、というのはどうでしょう。

防災リュックのセットを購入するのとはまた違い、一つひとつのアイテムに少し愛着が湧くかもしれません。自分で選んで購入した記憶は、もしもの時にも忘れることなくさっと使いこなせるような気がしてきませんか。

Chapter

5

A BOOK OF TIPS & HINTS

70

TO PROTECT YOUR FAMILY

# 家族とのルールづくりと防災知識

# 正しい知識を共有し、一緒に学ぶ

大阪府北部地震があった当時、年中さんだった次男。地震のあと、幼稚園のお友達と公園に行くと、子どもたちはよく「地震ごっこ」をして遊んでいました。気になって調べてみたら、恐怖体験を緩和させるための行動なのだとか。地震を経験したことで、一人でトイレに行けなくなったり、ソファから降りるのを嫌がるようになったり、今までできていたことができなくなったり……。いろんな子がいることを幼稚園で知りました。

　幼稚園の先生方は、そんな子どもたちを怖がらせないように「大丈夫、もう地震は来ないよ」と言っているのかと思っていたのですが、逆でした。また大きな揺れが来た時、どうやって自分の身を守ったらいいか、具体的に教えてもらいながら毎日幼稚園で復習していたのです。そして、帰宅した次男はそれを私に教えてくれました。「また地震が起きたら、こんなふうな体勢をして頭を守ったらいいんだよ」と。

　私は大人になり、防災訓練の機会がない生活を送っていたので、集団生活をしている子ども

たちのほうがよっぽど訓練をしていて新しい知識も持っているんだなと感じました。

**怖がらせたくないからと「大丈夫」と言うだけではなく、正しい知識を共有して一緒に学んで備えること**。それが一番の方法なんだと幼稚園の先生を見て学びました。

それからはもしもの話をよくします。お留守番の時に地震が起きたらどんな行動をしたらいいのか、登下校の途中だったらどうするか、日常のそんなコミュニケーションが、いざという時に役に立つはずだと思っています。

# 家族と防災について話すメリット

防災意識が高くてえらいね！ と言われることがありますが、備えをはじめたのはたった3年前のこと。自分の苦い経験をもとに、災害にも対応できる暮らしにしたくて少しずつ家の中を変えてきました。

初めて災害用トイレを購入した時、夫に「絶対いらんやろ〜」と笑われたことがあるんです。気持ちはわからなくもありません。私も3年前まではきっと同じように笑っていたと思うからです。

防災と向き合うきっかけやタイミングは、人それぞれなんですよね。夫との防災意識の温度差はありましたが、安心できる暮らしにするために私は淡々と備えていきました。便利なアイテムがあれば日常でも使い、おいしい缶詰があれば防災用にいいね！ と話すようになりました。

自分が得た知識や知恵をどんどん共有することで、周りの人にもじわじわと防災知識が入り込んで、少しずつ意識の差が縮まっていくのかなと思います。信頼している家族や友人がいつも話していることや行動していることには、無意識のうちに影響されるもの。

穏やかな日常の中で少しずつ家族の防災力を高められたらいいなと思います。

IDEA 01

### コンロと鍋で
### お米を炊いてみる

普段使っているカセットコンロを使って、鍋でお米を炊いてみました。お米と水と火があればおいしいご飯が炊けると知らなかった子どもたち。もしもの時の安心につながると思います。2合を炊く時は、水450mlが目安。鍋でも意外と簡単に炊くことができます。

IDEA 02

### 缶詰を食べ比べてみる

備蓄用の缶詰を考える時にやってみた試食会。普段から長男は焼き鳥が好きで、次男は煮魚が好き。だからいろんな焼き鳥缶やサバ缶を買ってきて、常温のまま食べ比べて好みの味を選びました。

IDEA 03

### アウトドアの体験から
### 学べる知恵

家の中とは違って、何をするにも工夫が必要になるアウトドア。食事やトイレ、風や寒さをしのぐ方法など、災害時に役立つ知恵をたくさん学べる機会になります。

# 子ども自身が管理できる防災ポーチ

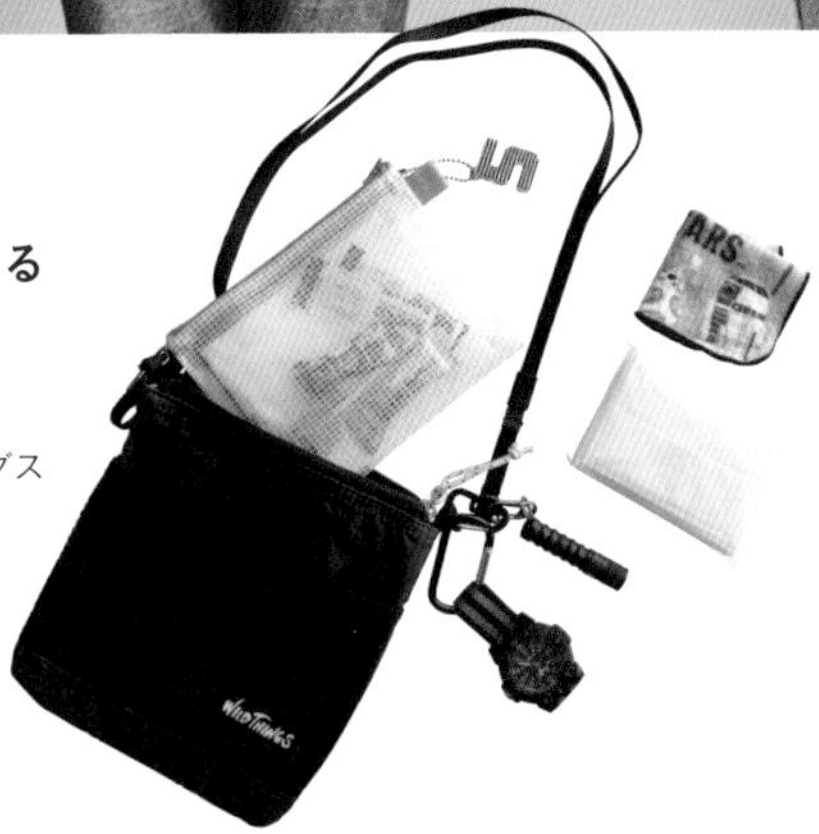

IDEA 01

**普段も使えるサコッシュ**

サコッシュ／ワイルドシングス

小学1年生と3年生の子どもたちには、防災リュックのかわりに軽くて小さなサコッシュを準備しました。もし避難するならどんなものがあったらいいかな？　と一緒に考えながら作ったセット。低学年の子どもが管理できるもの、量にしてあります。サコッシュは防災用と分けずに、普段の買い物や旅行などでも使っています。もしもの時に使うものだからこ

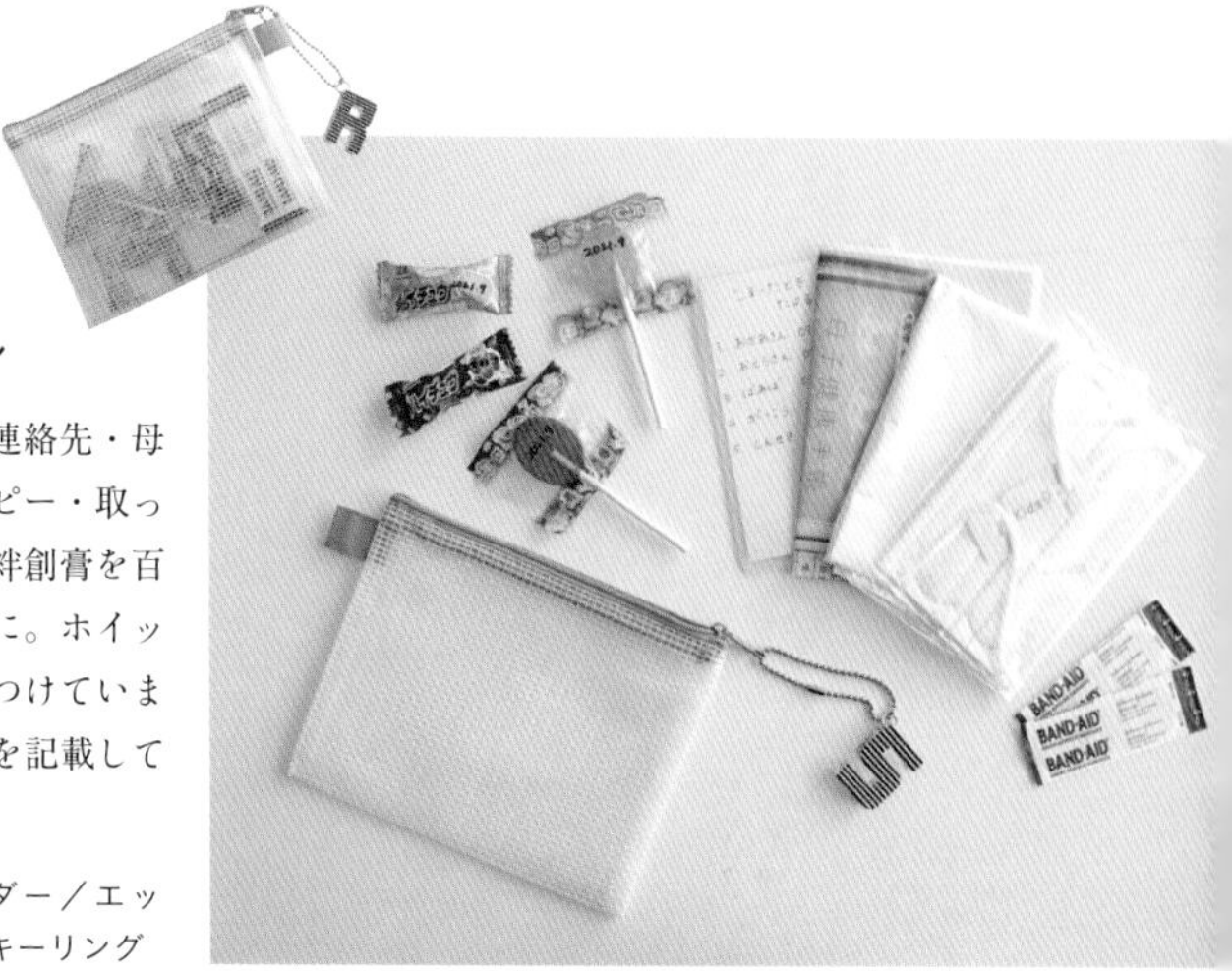


IDEA 02

## 防災ポーチの中身

食べ慣れた飴・緊急連絡先・母子手帳と保険証のコピー・取っ手付き袋・マスク・絆創膏を百円ショップのポーチに。ホイッスルキーホルダーをつけています。飴には賞味期限を記載しておくと安心。

ホイッスルキーホルダー／エッフェ　アルファベットキーリング

IDEA 03

## あると便利な時計とライト

スマホを持っていないのでキーホルダータイプの時計を準備。36gと軽量です。LEDライトは乾電池式。小さくても明るくて、完全防水。小学生でも持ちやすいものを選びました。

LED懐中電灯／ LUMINTOP EDC01キーライト、懐中時計／ CREPHA カラビナウォッチ

IDEA 04

## いざという時に誰に頼ればいいか

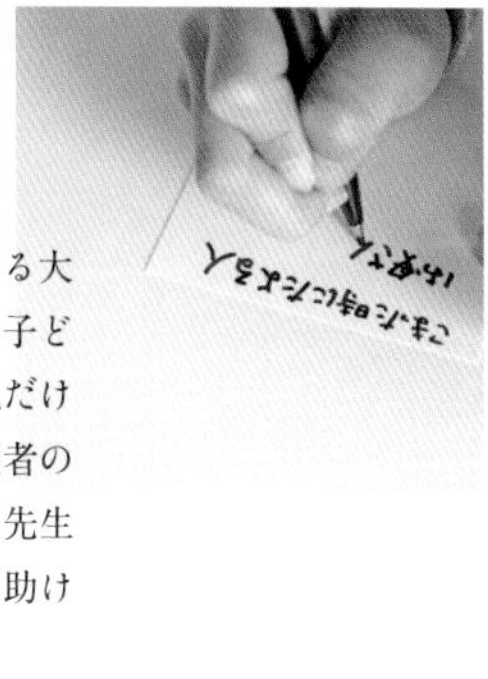

困ったことがあったら頼れる大人は誰かな？　というのを子どもと一緒に考えました。親だけでなく親しい友だちの保護者の方や管理人さん、小学校の先生など、もしもの時は大人に助けを求められるように。

そ、使い慣れておいたほうが安心です。使ったらまた一緒に飴を補充したり、ハンカチを入れ替えたりして管理も習慣に。

# 子どもと一緒に防災公園へ行ってみました

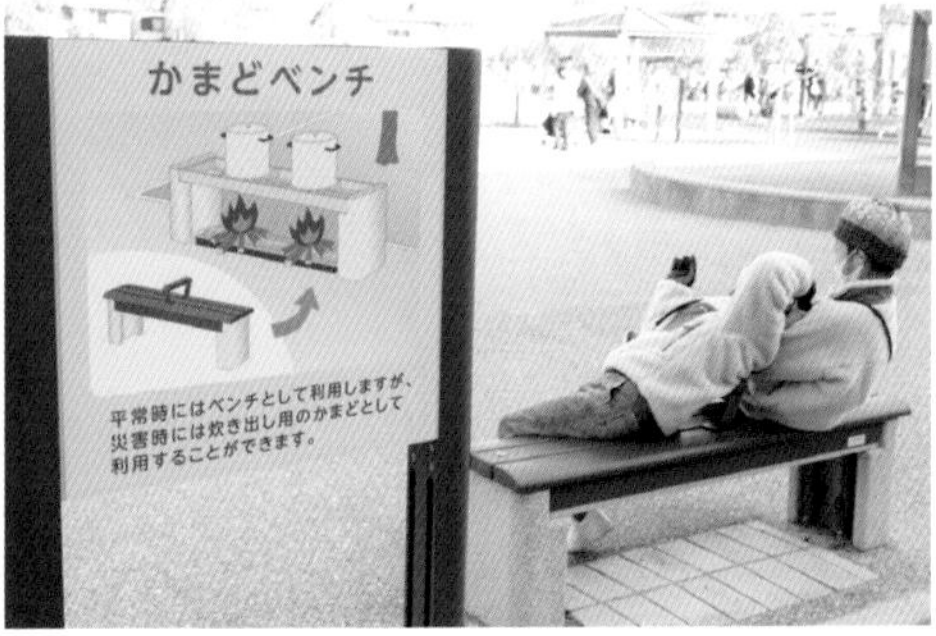
かまどベンチ
平常時にはベンチとして利用しますが、
災害時には炊き出し用のかまどとして
利用することができます。

休憩に座っていたベンチは、
災害時には炊き出し用のかまどになるそうです。

住んでいる地域の避難場所を知っていますか？　よく遊びに行っていたなじみある公園が、実は防災機能がしっかり整備されている公園だったり、災害時の一時避難場所に指定されていたりするかもしれません。調べてみてくださいね。

小学生の子どもの社会見学もかねて、お散歩がてら家族みんなで防災公園へ行ってみました。どんな防災機能があるのか子どもと一緒に探検です。よーく観察してみると、ただの壁だと思っていた場所は実は防災倉庫だったり、照明は太陽光の自然エネルギーを利用して停電時にも明かりを灯せるようになっていたり、今まで気がつかなかった設備がたくさんありました。

子どもたちには、自分の住んでいる地域に興味を持って、どんどん知ってほしいと思っています。

なにげなく自転車を停めていた場所は、マンホールを開けるとそのまま下水道につながって非常用トイレにできる仕組みになっていました。

ケガしたらここで手当てしてもらえる

屋根があるパーゴラは、テントを張って救護施設などに利用できるように整備されていました。

雨水を蓄えておく施設。災害時には消火用水として使い、平常時は植木に散水しているそう。

# 住んでいる土地の特性を知る

私が防災を考えはじめた時に一番最初に知りたかったことは、自分が今住んでいる家が安全なのかということでした。そしてもし、子ども二人を連れて避難することになったら、その場所まで安全に行けるのか？　その点がとても気になったのです。

それを知るためには自分の住む地域の特性を知る必要がありました。今後もし引っ越すことになったら一番に調べておきたいことでもあります。住む場所によって、どんな災害の時に避難が必要なのか、在宅避難が可能なのかがわかり、防災備蓄を考えるうえでもとても役立つと思います。

みなさんもぜひ調べてみてください。

私が活用したサイトと、どんなことがわかるのか少しご紹介しておきます。

Check

## 活用できるサイト

重ねるハザードマップ

地盤サポートマップ

# 地盤サポートマップの活用

## 地盤のこと

「地盤サポートマップ」で検索して、どんな地盤の上に自分の家が建っているのか確認しました。地震時の揺れやすさや液状化の可能性を知ることができます。

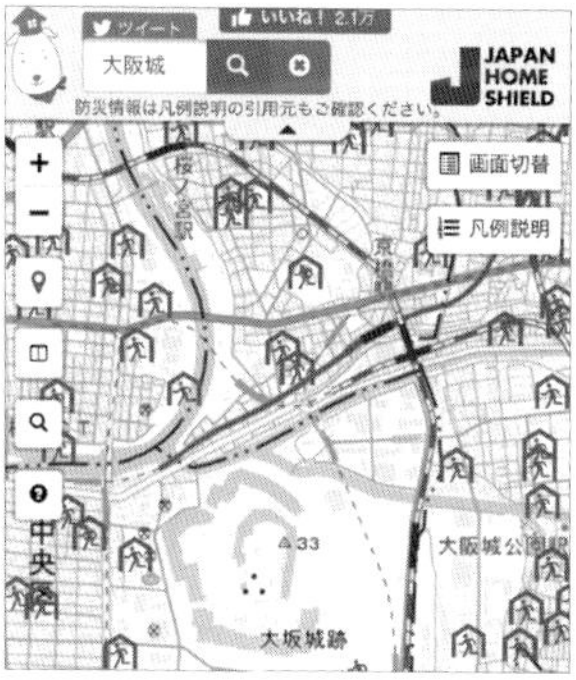


## 土砂災害や洪水による浸水の可能性

ハザードマップを活用し自宅周辺を確認しました。大雨の時でも比較的安全な場所と、少し気をつけるべき地域はどのあたりか知っておくと判断の目安になります。家族全員で共有しておきたい情報です。

| | | |
|---|---|---|
| 地形 | 水部 | |
| 地質 | 川沿いのやや高い所に分布している約15万年前〜7万年前に形成された段丘層 | |
| 駅 | 大阪ビジネスパーク | |
| 駅までの距離 | 621 | m |
| 一日平均乗降客数 | 13,113 | 人 |
| バス停 | 大阪ビジネスパーク（オ | |
| バス停までの距離 | 615 | m |
| 公園 | 大阪城 | |
| 公園までの距離 | 607 | m |
| 避難所 | 大阪城公園 | |

## 指定避難所と距離やルートの確認

最寄りの避難所に加え、備蓄倉庫を設置しているなど防災機能に優れた避難所を確認しました。災害時には応急救護所が開設される避難所もあらかじめ決まっているので、知っておくと安心です。地震・洪水・土砂災害では避難所が異なることがあるので注意してくださいね。

BOUSAI no

KIHON

準備していれば
安心!

# 防災の基本

「もしも」の時にできるだけ
安心できる情報をまとめました。
時々見返してみてください。

KIHON

# 1 災害用伝言ダイヤル171の使い方

災害時に電話がつながらなくなっても、家族や知人と連絡をとるための伝言サービスはぜひ使い方を覚えておきたいですね。毎月1日と15日は体験利用ができるので、ぜひ！

## 録《ろく》音《おん》する場合

携帯電話や公衆電話から「171」をダイヤルする。「1」を押して「自分の電話番号」をダイヤルすると自分のメッセージを録音できる。

171《ダイヤル》 ＋ 1 ＋ 自分の電話番号

---

## 再《さい》生《せい》する場合

携帯電話や公衆電話から「171」をダイヤルする。「2」を押して「相手の電話番号」をダイヤルすると相手のメッセージを再生できる。

171《ダイヤル》 ＋ 2 ＋ 相手の電話番号

KIHON
# 2　家の中の危険な箇所を知る

安全な家づくりのために気をつけておきたいポイントや対策など、基本的で簡単にできるものをまとめました。

オーブンレンジなど、落下すると危険な電化製品の下には耐震ジェルマットを貼っておくと安心です。ジェルはゴミなどが付着したら水洗いすればまたキレイに使えます。

食器棚には滑り止めシートを敷き、背の高い棚は転倒防止の耐震ベルトを設置しておくのがおすすめです。高い位置に置くものはできるだけ安全なものを選んで。

重たいもの
を下に

子どもが寝る部屋はできるだけ背の低い家具を選び、重たいものは下段に収納。足元にものがあると、あわてた時にケガにつながるので、寝る前は必ず出入り口のお片づけを。

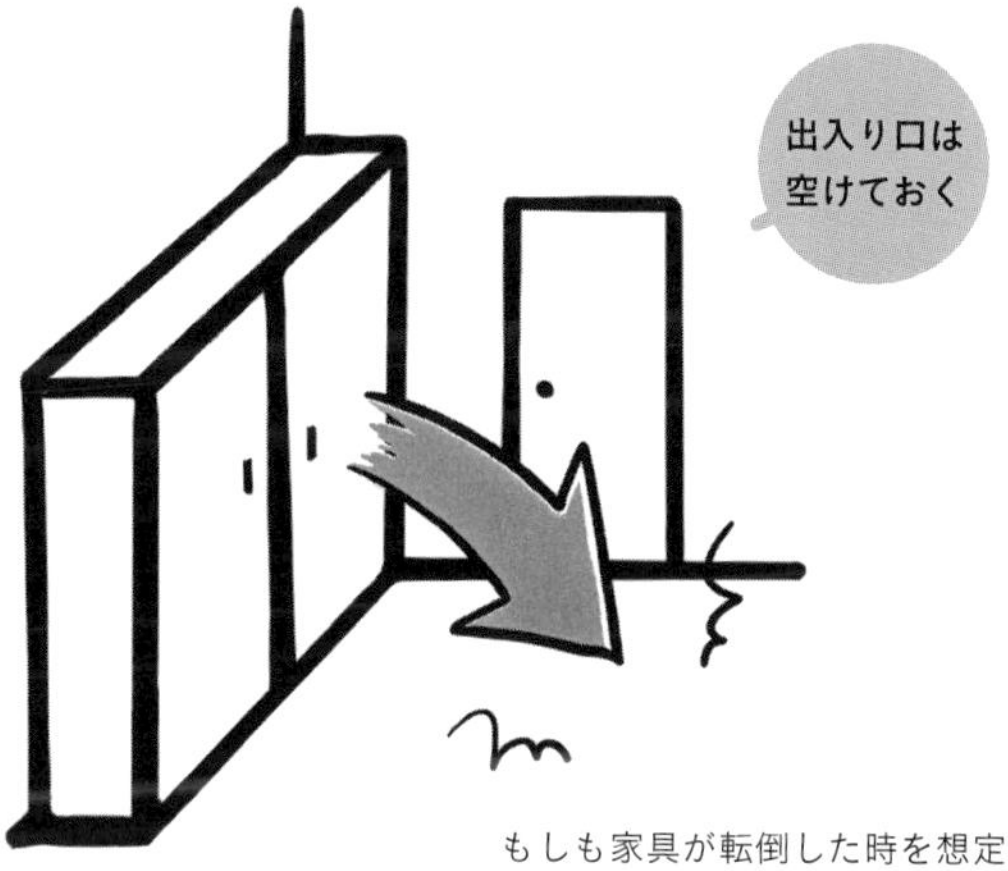
出入り口は
空けておく

もしも家具が転倒した時を想定して、出入り口をふさぐ向きには置かないようにします。ドアの前にはものを置いたり、積んだりせず、すっきりさせておくことで、逃げ道がなくなるのを防ぎます。

KIHON

# 3 断水時の水の運び方

災害時に発生することの多い断水。近くの給水所まで水をもらいに行くことになった時、どんな方法で運んでくることができるでしょうか。少しでもラクに水を運ぶための工夫をご紹介します。

給水パックがなくても、家にあるバケツや段ボール箱にポリ袋を2枚重ねにして水を入れて運ぶことができます。

キャリーカートやキャスター付きのクーラーボックスなどを使えば一度にたくさん運ぶことができます。アウトドア用のキャリーワゴンも便利！

リュックにポリ袋を2枚重ねにして入れて水を運ぶ方法も。階段を上がる時などに便利です。厚手で丈夫なポリ袋を備蓄しておくのがおすすめ。階段の多い地域やマンション暮らしの方はこの方法だとラクに運べる！

## KIHON 4 「もしも」の連絡先リストをつくる

もしもの時に連絡をとりたい相手の連絡先は、さっと取り出せるようにあらかじめメモしておくと安心です。わが家はマンションなので、管理人さんの電話番号も入れています。また被災地同士の電話がつながりにくい時のために、遠方の親族などを連絡の経由先として決めておくと安心です。

| NAME | TEL |
|---|---|
| お父さん | 080-○○○○-○○○○ |
| お母さん | 080-○○○○-○○○○ |
| おばあちゃん | 080-○○○○-○○○○ |
| 小学校 | ○○○-○○○○ |
| マンション管理人 | ○○○-○○○○ |
| 親戚 | ○○○-○○○○ |

「もしも」の時に、子どもが頼りにできる相手の連絡先を、紙に書いて持たせています。百円ショップのクリアケースにぴったり入るサイズにして、雨に濡れても大丈夫な状態にしています。

KIHON 5

# 一次避難の持ち物リスト

P.22とあわせて避難で持ち出すものの参考にしてください。

- [ ] 飲料水
- [ ] マスク
- [ ] ビニール袋
- [ ] アルミ製保温シート
- [ ] 簡易トイレ
- [ ] タオル
- [ ] ウェットティッシュ
- [ ] 軍手
- [ ] 救急セット（絆創膏）
- [ ] モバイルバッテリー
- [ ] 母子手帳や保険証
- [ ] 除菌シート
- [ ] 現金（小銭を含む）
- [ ] 懐中電灯
- [ ] 笛やブザー（音を出して居場所を知らせる）
- [ ] 携帯ラジオ（予備電池を含む）
- [ ] 家族の写真（はぐれた時の確認用）
- [ ] 筆記用具（特に油性ペン）
- [ ] 非常食
- [ ] 冬はカイロ、夏は保冷剤
- [ ] 生理用品

※ヘルメット、レインコート、ヘッドライトなどは家を出る時に身につける。

## KIHON 6 「もしも」のために家族と決めておくことリスト

- [ ] 避難場所を確認しておく

「地震だったら避難場所は○○小学校」など、想定されるリスクによって避難場所が違うことがあるので確認しておく。

- [ ] 伝言メモの残し方を決めておく

「家のポストの中」「(避難先の小学校の) 子どもの下駄箱の中」など具体的に話し合っておく。貼れるメモと書けるものを持っておくと安心。

- [ ] 中継点となってくれる人を決めておく

被災地同士の電話がつながりにくい時に、離れた地域で暮らす親族に連絡を取り次いでもらえるように決めておくといい。

## KIHON 7 緊急時に家を離れる時にやることリスト

- [ ] 電気のブレーカーを落とす
- [ ] コンセントからプラグを抜いて、火元を確認する
- [ ] 窓や玄関の鍵を閉める
- [ ] 決めておいた場所に自分の状況や避難先を貼る

KIHON

# 8 女性ならではの防災アイテム

いざという時どんなものがあったらいいかな？ と女性の目線で考えてみました。心が落ち着かない時は、好きな香りや手触りのものが癒しになったりもしますよね。自分がリラックスできるものを普段から見つけておくことがおすすめです。私があったらいいなと思うものを少しご紹介します。

## うがい薬

口腔内やのどの殺菌・消毒・洗浄ができるものを使っています。口の中がすっきりすると気分もよくなります。

## 髪を束ねるヘアゴムやヘアクリップなど

髪が長い人は、ぜひ持っておきたいアイテムです。

## 大判ハンカチ

首元に巻いたり、かばんの中身の目隠しにしたり、三角巾としても使えます。一枚持っておくと多用途に使えて便利です。

## キシリトールガム

口が寂しい時に食べられて、虫歯予防にもなるガム。歯みがきができない時にあると安心です。

## 水のいらないシャンプー

髪が洗えない時に、ベタつきや匂いを抑えてすっきりします。

## 生理用品

下着を洗えない状況の時に、取り換えるだけでいいので衛生的です。

## 中の見えないポーチ

見られたくないものをコンパクトに収納できるポーチ。

## ミラー

災害時でも自分の顔をチェックできるものがあると安心です。

## カップ付きインナー

一枚でさっと着られて締め付けも少ないので、持っておくと便利です。

## 保湿クリーム

子どもと一緒に使える保湿クリームやハンドクリーム、リップクリームなど。

# おわりに

大阪府北部地震が起こったあの日、
登校したばかりの長男のことが心配になり
鍵もスマホも持たずに家を飛び出しました。
まだ4歳だった次男を抱いて、小走りで向かった学校への道のり。
崩れた塀や、落ちて粉々になっている看板が目に入り
足が震えたのを覚えています。

日本のどこで暮らしていても地震にあう可能性がある
ということは知っていましたが、
自分が住む場所はなんとなく大丈夫な気がしていました。

「自分は大丈夫」と思い込むのは〝正常性バイアス〟といって
心の平穏を保つために人間に備わっている脳の働きだそうです。
ストレスをうまく回避して生きていくために必要な力ですが
緊急時には正しい判断を鈍らせることもあるので、
事前に正しい知識を備えておくことが大切になってきます。

本書でご紹介した災害用トイレや折りたたみヘルメット、
その他災害時に使うための備えが
「必要なかったねー！」といつか笑えたら嬉しいです。

最後になりましたが、
「一緒に防災の本を作りませんか？」と
声をかけてくださった柳原さんはじめ、
本をかたちにしてくださった山と溪谷社のみなさま、デザイナーさん、
素敵なイラストを描いてくれた友人のholonさんに
とても感謝しています。

そしてこの本を手に取って最後まで読んでくださったみなさまに
心より感謝を申し上げます。
みなさまの暮らしがこれからもずっと
穏やかに続いていきますようにと願っています。

Misa

# 日々の暮らしに馴染み、<br>“もしも”の時は家族を守る70の備え 一覧

本書で紹介した備えを「防災アイテム選びとストック」<br>「安全で清潔な部屋づくり」に分けてまとめました。<br>目的にあわせて、探していただけます。

## 防災アイテム選びとストック

## 安全で清潔な部屋づくり

Profile

## Misa

整理収納アドバイザー・地震ITSUMO講座認定講師
夫と9歳と7歳の息子との4人暮らし。大阪府北部地震をきっかけに暮らしに馴染む備えを考えはじめる。インスタグラムは15万人以上のフォロワーを持つ。著書に『北欧テイストのシンプルすっきり暮らし～散らかっても10分で片づくアイデア～』（マイナビ出版）がある。

Blog https://ruutu73.com/blog/
Instagram https://www.instagram.com/kurashi_bosai/
https://www.instagram.com/ruutu73/
YouTube MISAの家

# おしゃれ防災アイデア帖

日々の暮らしに馴染み、
"もしも"の時は家族を守る70の備え

2021年3月25日　初版第1刷発行

著　　者　Misa
発 行 人　川崎深雪
発 行 所　株式会社山と溪谷社
〒101-0051　東京都千代田区神田神保町1丁目105番地
https://www.yamakei.co.jp/

■ 乱丁・落丁のお問合せ先
山と溪谷社自動応答サービス　TEL. 03-6837-5018
受付時間／10:00-12:00、13:00-17:30（土日、祝日を除く）

■ 内容に関するお問合せ先
山と溪谷社　TEL. 03-6744-1900（代表）

■ 書店・取次様からのお問合せ先
山と溪谷社受注センター
TEL. 03-6744-1919　FAX. 03-6744-1927

印刷・製本　株式会社暁印刷

定価はカバーに表示してあります

Printed in Japan
ISBN978-4-635-49054-2

・本書に掲載している情報は2021年2月時点のものです。本書に掲載している商品は著者の私物になるため、現在は販売されていないものもあります。ご了承ください。